定年バカ

勢古浩爾

SB新書
413

はじめに

　いまから十五年前くらいか、数年のうちに団塊の世代が大量定年を迎えようとした時期、定年本が続々と出版されはじめた。メディアでも、団塊の世代が培ってきた経験や技術やノウハウをどう継承していくのかということが話題になった。

　そのときほどではないが、いまでも定年本は出版されている（わたしもその末端を汚した）。定年退職者は毎年毎年いるから、それなりに需要はあるということなのだろう。定年を取り巻く環境はすこしずつ変わってきてはいるが、老後資金、健康、生きがい（仕事、趣味）、孤独、などの基本的問題は、時代を通してほとんど変わらない。

　多くのことが、さまざまにいわれる。いい方はさまざまだが、基調音は大体おなじである。定年後は「～しなさい」の提唱である。すなわち、「資金計画をたてなさい」「運用も考えなさい」「できるかぎり仕事をつづけなさい」「健康管理を怠らないように」「現役時代から趣味をもちなさい」「地域社会に溶け込みなさい（地域デビュー）」「家族（とくに妻）との関係を見直すように」「ボランティアをしなさい」「交友を広げなさい」。

そして、それらの一つひとつがすべてごもっともである。なかには「老人よセックスをしよう」なんてことをいうやつもいる。ほっとけよ。「しよう」たって、どうするんだ、と思うが、「〜しなさい」「〜しよう」はこんなところにまで及んでいるのだ。

しかしほんとうをいえば、定年後どう生きたらいいかについては、一言で足りる、とわたしは思っている。

「自分の好きにすればよい」

である。

わたしは、本人が好きなら、そして条件が許すなら、なにもしなくてもいい、と考えている。実際、わたしは定年後、ほぼなにもしていない。なにもしていないというのは、識者たちが提唱する「仕事」や「地域デビュー」や「ボランティア」や「資金運用」や「幅広い交遊」をしていないということである。その他、ふつうの人たちが日常やるような「カラオケ」や「釣り」や「パターゴルフ」や「ヨガ」や「ウォーキング」などもしていない。人の楽しみは、かならずしも自分の楽しみではない。

わたしはそんな「なにもしていない生活」を満喫しているわけではないが、気には入っている。しかしそんな無為の者は、定年後は二十年もあるのだ、それをなにもせずにもったいない、といわれる。人の役にも立たず、日々をただテレビを観て公園や図書館でのんべんだらりと過ごすだけかと叱られるのだ（しかし、そんな公園男や図書館男はじつは少ない）。そんなやつは定年退職者の風上にも置けない、といわんばかりである。

　そんな無為の退職者たちにあてつけがましく示されるのが、事業や地域活動や社会貢献や多彩な趣味や幅広い交遊を通して、充実した生活を送っている「輝いている」人たちの実例である。定年本を手に取る読者もまた、専門家たちからのそういう助言や示唆を求めているのだろう。自分たち素人の定年新参者に、専門家の知っている「お金の増やし方」や「生きがいのつくり方」について、ほお、そんな手があるのか、というような方法をぜひ教えてほしい、と。

　そんなところに、「あなたの好きにすればよい」では、なんの役にも立たない。それどころか、それ以前に、おれには「好き」なことがないんだよ、といわれてしまう。あったとしても、もし「好き」にした結果、にっちもさっちもいかなくなったとしたら、その責任を自分で負いたくもない。

「好きにする」とは、なんの蓄えもないのに、年金で酒を飲み、パチンコで費消することではない。「好きにする」には当然、責任が伴う。生活費が少なければ働く、それがいやなら爪に火を点すように暮らす。その選択を「好きにする」ということである。だって、一〇〇万人の退職者がいれば、一〇〇万の異なる生活があるのだから。自分の生活や状況は自分しか知らないのだから。先人や専門家はもしかしたら、充実した定年後を過ごすための魔法のような方法を知っているのではないかと期待しても、そんなものはない。

いちいちごもっともな提言を参考にするのはよい。自分に合うか合わないかで取捨選択して、今後の自分の人生のヒントにするのは当然いいことである。しかし、「そうなのか。こりゃ大変だ、なにもしてないぞ」と過剰にプレッシャーを受けすぎて狼狽え、人にばかり教えてもらおうとする者はよくない。「こうしなさい」、でなければ、みじめな老後になりますよ、と脅迫する者もよくない。定年後の問題に、「こうすれば大丈夫だ」「これをしなければダメ」という正解などないからである。

不安や気がかりはあって当然だが、それを過度に煽る者、過度に受け取る者はよくない。なにごとにおいても過度はよくない。無駄な不安であり、無駄に自分が苦しむことになるからである。自信や自己主張は必要だが、それもまた過度になってのぼせあがったりすると愚かというほかはない。

「好きにすればよい」ということは、「なにもするな」ということではない。定年後に豊かで充実した生活をしている人がいるなら、その人たちもまた「好き」にしているのである。

とくにこれといってしたいこともないし、友人も少ないけど、まあ「好きにするわ」といって、多少うら寂しく、それでいてそこそこ楽しい一日一日が過ごせれば、それでいいではないか。そんな人を誹謗せず、そんな自分を卑下しなくていいのである。好きでする、なにもしない生活は、自由の生殺しではない。自由そのものである。

定年バカ／目次

第9章 人生を全うするだけ……185

第1章

定年バカに惑わされるな

達人ヅラをした偽物たち

世の中には上半身バカと下半身バカがいる。もちろん上下揃った全身バカもいるが、案外、数は少ないものである。そんなバカがウジャウジャいたのでは社会が成り立たない。下半身は別人格だとうそぶく下半身バカがいるが、これもとりあえずどうでもいい。

問題は上半身バカである。上半身バカには腕力自慢もいて、それなりの世界を形成してはいるものの、世界の表舞台（マスメディア）では評価は低い。始末が悪いのは、オレはなんでもわかっていると自惚れている上半身バカ、とくに頭部バカである。たいていは社会的地位の高い者に多く、それゆえ世界の表舞台はこれらの人間の独壇場になっている。

このような連中はどんな分野にも存在するが、〝定年後〟の生き方に関しても、師範ヅラをして自分勝手なことをいっている。川北義則氏の『55歳から始める最高の人生』（三笠書房、二〇一二）という本がある。タイトルがいかにもウソくさいのだが、それほど悪い本ではない。共感できる部分も少なくない。しかし、一般論が多く、そのかぎりでは正しいのだが、たいして役には立たない。一般論などだれにでもいえるからだ。

川北氏のひどさは、なんだか知らないが、なにもしていない定年退職者をバカにしすぎていることである。こんな汚い言葉を投げつけている。

退職後に「何もしないで十年も経てば、食べて排便してテレビを見て寝るだけの肉のかたまりになる。ブクブク太っていれば、モーパッサンの小説ではないが、たんなる『脂肪のかたまり』だ」（これが本音）。「そんなみっともない人生を過ごさないためにも、何でもいいから『死ぬまで働きなさい』といいたい」「私がいいたいのは、五十五歳くらいから徹底してその道のプロになれ、職人になれ、ということだ」（ここが一般論で、ただのキレイ事）。

わたしは定年後、ほとんど「何もしないで十年も経」った実例である。まあ「ブクブク太って」はいないが、テレビはよく観た（いまも観ている）。川北氏はたぶんそんな実例を身近に見たことがないのではないか。そんな無為のやつはそうに決まっていると単純に頭で決めつけているだけである。それも適当に。

頭だけの適当な人なもんだから矛盾していても平気である。死ぬまで働けといった舌の根も乾かぬうちに、こんなことをいう。「これからの新しい人生のことを考えると、仕事で燃え尽きてしまうわけにはいかない。五十代のうちに、いまの仕事以外で『没頭できる』ことを見つけておくべきだ」。「誰にも好きなことがあるはず。これからの新しい人生では、その好きなことを思いきりやることができる」

もちろん、まちがったことをいっているわけではない。が、この人のいうことを聞いてみようという気には到底ならない。頭の人といっても、実地に鍛えられた頭ではないし、まともに「定年」について考えたこともないから、ただの頭部バカになってしまう。すべてがその場の思いつきでしかない。ゆえに浅い。

だから半周も回ってみると、またおなじことをいうのである。「新しい人生を目前に控えて、とにかく何かに挑戦してみることだ。いくら生活にゆとりがあっても、のんべんだらりと二十年間も過ごしていたら、頭も体も衰えて、人間バカになる。／バカがメシを食ってクソして寝るだけの生き方をしていると、女房に『三行半（みくだりはん）』を突きつけられるのは当然だ」

川北氏は「なにもしない生き方」は人間として最低という観念に囚われているようである。しかし話は〝定年後〟である。もうみんな四十年近く働いてきたのだ。ほっといてやれよ。「のんべんだらり」と暮らしてバカになるのならそれも本人の責任だ。いいじゃないか。自分はそんな生き方は好まない、といえば済むだけの話だ。

川北氏のいうことを読んで、そうか、そのとおりだな、オレもなにかしなければな、と思う人間と、ほっといてくれよ、好きでやってるんだから、と動こうとしない人のどっちが多いかというと、圧倒的に後者の方が多いのではないかと思う。それがふつうの人間だからである。なぜなら、そのほうが楽だからである。

だから川北氏が、すこしは人間の真実に迫っているような深そうなこともいっておくか、と、次のようなことを書いても、それもまた浅くて信用できないのである。「私たちは、とかく平凡な生き方を『つまらない』と思いがちだが、人間は日々を無事に生きるだけで『大したもの』なのである。ただ、こういう境地に達するためには、多くのことを『あきらめなければいけない』かもしれない」。なんだ「日々を無事に生きるだけ」でいいんじゃないか。さっきまで「バカがメシを食ってクソして寝るだけの生き方」といっていたくせに。「かもしれない」と腰まで砕けている。

定年からがおもしろいという輩（やから）

露骨に、定年生活の「達人」を標榜した定年本もある。日本経済新聞社マネー&ライフ取材班『定年後を極める——達人12人のノウハウ&読者71人の痛快体験記』（日本経済新聞社、二〇〇三）である。「達人12人」とは、堀田力、森毅、加藤仁、辰巳芳子各氏ほか八人。むろん「達人」とか「極める」というのは、なんとか読者を魅きつけようと考えた編集者が、勝手につけた言葉の綾である。編集者自身も執筆者もそのことを自認しているわけではない。というのも、定年後の生き方に関する「達人」などいないし、「極める」などできない相談だからである。

したがって、わたしはこの本を全部は読んでいない。斜め読みである。心に刺さってくるものはなかったから、内容にもふれない。全部読んでからいえよ、といわれるかもしれないが、勘弁してほしい。読まなくてもなんの問題もない。もったいないことをしたなあ、「達人」たちのいうことを聞き逃しちゃったよ、なんてことはないのである。

定年後の人生こそ最高の時だ、といって、定年後を持ちあげすぎる論調にも賛成しかねる。わたしは定年後、早くも一ヵ月くらいで、「毎日が日曜日」は焦がれたほど楽しいことでもないなと知ったのである(毎日が楽しくてたまらない、なんてことあるわけがない。といって、不満なわけでもない)。憧れのパリやローマも、実際に行ってみれば、すぐに国内旅行と大差ないなと思うのとおなじである。「セカンドライフ」「第二の青春」という修辞も手垢がつきすぎた。

石坂豊干(ゆたか)(元フジテレビ・ディレクター)という人も、「私は常づね『定年こそ、旬の時』といってきた」などと、〝定年〟を持ち上げている(「ビバ! リタイヤ!」。岩波書店編集部編『定年後――「もうひとつの人生」への案内　第三版』所収。岩波書店、二〇〇三)。「社会の荒波を乗り越えて、やがて迎えた定年は人生の頂点にある。一番いいとき、旬の時なのだ」。まあ人それぞれだから、それはいいのだが、このあとが凡庸。「充実した暮らしを満喫するためには豊かな人間関係が欠かせない」「堅い頭を右脳型にチェンジして、様々な場所に出向いてみればいい」「町内会や、サークル活動、女房の友人、駅前の飲み屋だっていい。どこだって友人はつくれる」

この人の頭もおざなりである。ほんとうには考えたことがなく、ただ、こうすればこうなりますよ、と一本調子である。なにかというと、「充実した暮らし」「豊かな人間関係」と空疎なことをいいたがる。なんだ「女房の友人」って？　どうして頭の人は、なにかをしろ、とばかりいうのか。なんの実際的裏付けもない頭の人だからである。

「輝く」定年後はあるのか

「極める」や「第二の青春」といった言葉に加えて、いまでは「輝く」が登場した。帯津良一『定年から輝く生き方――一生モノの成功法則』（東洋経済新報社、二〇一〇）である。「輝く」か。流行りのバカな言葉である。「一億総活躍」と同じ程度のバカ言葉だ。

帯津氏は、病気ごとの対症療法ではなく、人間全体の健康を総合的にとらえるホリスティック医学の医師である。自然治癒力を重視するらしいのだが、よくわからない。表紙にはいかにも人の好さそうな帯津先生の全身写真が載っている。笑顔満開。

先生はこんなことをいっている。「私の理想とする人生は、最後まで内なるいのちのエネルギーを高め続ける人生です。いのちのエネルギーを高めて、心の豊かさ・品性を保ち、最後にゆるぎない心の安寧にたどりつくのです。目先の欲得などこれを不要として潔く捨て去り、何事にも動ずることなく、颯爽とした人生を送るべきなのです」

なにかわからないが、立派なことが書かれている。大いに賛成したいところだ。まさに「輝く生き方」が目指されているようである。「何事にも動ずることなく」というのは、わたしが高校生だったときに切実に目指した理想的境地でもある。帯津氏は「定年後こそ、それができるのです」といっている。そうなのか。わたしは七十年生きてきたが、ついにできなかったんだけど。

しかし、どこかおかしいのだ。色がちがう気がする。帯津先生の言葉も、遠い国から聞こえてくる声のようである。はたして「いのちのエネルギーを高め」ると、どんな人生になるのか。帯津氏の答えはこうだ。

「不安がなくなり、何事にも動じなくなる」「自己と他者、大いなる存在とのつながりが実感でき、幸福感が充満する」「宇宙の流れに乗ることができ、運気が上がる」「ストレスが少なく、生きることが楽になる」「自然治癒力が上がる」「執着がなくなり、心がすっきりと軽くなる」。しかしなんといっても一番は、『生きているのが楽しくてたまらなくなる』のである。これが人生における最大の成功であり、絶対的な幸福の境地だと私は信じています」

やっぱり！　そうくるのか。これは定年とはなんの関係もない。帯津氏が進めるホリスティック医学の効用を説いているのではないか。「生きているのが楽しくてたまらなくなる」というのがすごい。そんな人、ほんとうにいるのか。

「最後まで輝く人生に欠かせない最大のものこそが、『ときめき』ということであろうと思っています」「その最たるものは、『生きがいを得る』ということ」「旬の食にときめく、恋をして異性にときめく、旅にときめく、新たなチャレンジにときめく」「ときめきをひとつでも多く見つければ、人生は豊かになります」。そりゃそうかもしれないが、帯津先生の笑顔を見ると、やさしくていい先生なんだろうなあ、と思い、強いことがいえない。

　次のような部分は、暗いわたしの性分には合っていて好きである。この路線で最後まで行ってくれたらよかったのに。「人間はもともと明るく前向きにできていないということです。人間はかなしくて、さびしい存在なのです」「無理に明るく前向きにする必要はまったくないのです」「どんな状態の自分も受けとめ、あるがままに生きる」「世の中でいわれるプラス思考はなにか浅薄で、なんの力強さも感じられない」

　ただそれが一転して、こんなことになると、帯津先生の本性が現れていてついていけない。「定年後」という言葉はとってつけたようである。「大いなる命の流れに身を任せ、あるがままに生きれば、今日このときから誰でもが自由に輝く人生、絶対的な幸せの境地に至ることができるのです。／定年後の人生は誰でも輝きで満たすことができます。／みんなで輝いて楽しく生き、そして輝いて楽しく死にましょう！」

　無理っす。嫌(いや)っす。よくないっす。

市民講座などにつられない

　田中俊之武蔵大学社会学部助教は「30歳になったぐらいの頃から」定年退職者のための市民講座を担当したという。その感想をこのように書いている。「講座に参加する男性たちは、退職による虚脱感や喪失感に悩んでいて、何とか自分たちの生活を充実したものにしようと必死でした。話し手が誰であれ、講座に参加することで、自分たちの悩みの正体と解決方法がわかれば納得しますし、それができなければ期待外れという単純な話だったのです」（『男がつらいよ――絶望の時代の希望の男性学』ＫＡＤＯＫＡＷＡ）
　わたしには不思議でならない。講座に参加した人たちは、講師が自分の息子（以下？）みたいな年齢でも、大学の先生というと、なにかすばらしい知見をもっていると思って参加したのだろうか。
　わたしは田中先生にはなんの恨みもないが、よく三十歳という若い身空(みそら)で、会社に勤めたことなく（たぶん）、定年退職した身でもないのに、そんな大それた仕事を引き受けたものである。また、そんな若い先生の講座に、何十年も多くの人間を見、人間関係を処理し、それぞれの業種で難行苦行を切り抜けてきたプロだった定年者たちがのこのこ集まったものである（若い先生でも、その専門性によっては、わたしは当然尊敬する。しかし、テーマは〝定年〟だよ）。

情けないと思わなかったのか。それともただ馬齢を重ねただけの会社員生活だったのか。そんなに自分に自信がなかったのか。なんでもかんでも人に教えてもらおうとする依存根性がわたしには信じられない。なんか自分の知らない良い方法を、専門家である大学の先生なら知っているかもしれず、それを知らないとみすみす「損」をしてしまうかもしれないと心配になったのか。市が主催する市民講座という〝公〟の看板につられたのか。

参会した退職者たちは、若い田中先生にこんなことをいわれている。かれらは仕事がなくなると、「自由な時間を持て余」し、「家庭での居場所もなく」、地域に「知り合いもいない」人が「少なくありません」。その結果、「行き場のない男性たちは、お金がかからず、冷暖房が完備された場所を探します。とても悲しい現実ですが、昼間の図書館やデパートのベンチでは、手持ち無沙汰な様子でただ時間がすぎるのを待っている定年退職者と思われる男性を見かけます」

これまた典型的な紋切り型である。あるいはバカの一つ覚え。「頭」の人はみんないうのである。図書館やデパートのベンチや公園にいる定年退職者たちは「悲しい」(かれらの丸一週間を、丸一ヵ月を見たことがあるのか)。ではその「悲しい」人たちはどうすればいいのか。「孤独を避けたいのならば、定年後の男性は家庭や地域コミュニティーでの仲間作りに励むしかありません」。これが市民講座で、自分の父親のような定年退職者たちに田中先生が示した「解決方法」だったのか。そしてこれで「納得」できた人は、ほんとうに「納得」したということか。

ヴ・ナロードか(民衆の中へ。だいぶ意味が違うけど)。聞き飽きたわ。そりゃそのとおりかもしれないが、もうそんな言葉は聞き飽きた。そんなものは「解決方法」なんかではない。なぜなら定年退職者たちの「悩み」に「解決方法」などないからである。「解決」しようと思ってしたことが、新たな「悩み」を生んでしまうことだってあるのだ。人に訊くほうも、人に答える人も、ほんとうは「解決方法」なんか知らないのである。世間でいわれていることを、そのままいっているにすぎない。結局、本人が自分で考えるしかない。

田中氏はこうもいっている。退職者のなかには「解放感を味わって」現役時代よりも「イキイキ」している人がいる。定年後、「やりたいことがたくさんあった」人である、と。もちろん、そんな人は無数にいる。そしてそんな人は、市民講座なんかに来ることなく、自分で好きなことをやっているのである。

なにをしてもしなくても、大差なし

たしかに図書館で新聞を読んだり寝ている、定年退職者らしき人はいる。公園やショッピングモールでひとりポツンと所在なく座っている人も見かける。そういう人を短時間だけ見て、どこにも行くところがないんだな、なにもすることがないんだな、だれも会う人がいないんだな、みじめだな、ああはなりたくないな、と思うことはしかたがない。どう思おうと、その人の勝手だからである。

わたしは図書館や公園の人を立派な老後だと擁護するつもりはない。ただ人は外見からはわからない。さまざまな事情を抱えているものだ。そうでなくても、ショッピングモールで、あのおじさんはひとりで所在なさそうだな、と思っていると、買い物が済んだ妻や家族たちがワラワラとやってきて、オヤ、そうだったのか、なんてことだってあるのだ。だからわたしは、ひとりでいるおじさんたちを見ても、みじめでさびしい人間だとはまったく思わない。わたし自身の姿でもあるからだ。

なにもしていない人間といっても、朝起きてから、夜寝るまで、居間にじっと座って、テレビもつけず、一日中虚空を見つづけているという人間などいるはずがない（いるのか？）。なにをするかは人それぞれだろうが、テレビを観、新聞を読み、本を読んだり、食事を作ったり、散歩をしたり、草花の手入れをしたり、なにかはするのである。だから「そんなことは、なにかをしているうちに入らないんだよ」「そんなことはただの暇つぶし。有意義でもなんでもないじゃないか」というのだろうが、ほっといてやれよ、と思う。本人が、それが好きなら、なんの問題もない。

じゃあそういって、無為の人間を下に見ている連中が、どんな有意義なことをしているのかというと、週に三日のパート、社交ダンス、ゴルフ、カラオケに、友人たちとの談笑ぐらいである。その他、なんでもいい。水泳やヨガや英会話や万葉集研究。大したことないじゃないか。他人にしてみれば、人がなにに熱中していようと、ほとんどのものが大したことないのである。

いやわたしは自営で仕事をしてるよ、ボランティアをしてるよ、自治会活動をしているよ、という人がいるだろう。けっこうなことである。それがその人の好きなことだからである。そして、好きなことをしているという点では、なにをしていても、なにをしていなくても、おなじである。わたしは、なにもするな、なにもしないことが一番だ、といっているのではない。人それぞれ、好きにすればよい、それしかない、というのである。

同年配の人に「なにかしてるんですか?」と訊かれる。「なにもしていない」と答える。すると「もったいないなあ」とくる。なにもしてないわけないじゃないか。「してますよ」とでも答えようものなら、「あ、なにやってるんですか」てなことになりかねず、話がそれ以上発展していくのがめんどうだから、「なにもしていない」と答えただけである。相手だって、所詮、社交辞令、ただ訊いてみただけである。こっちがなにをしていようが、ほんとうはなんの興味もないのである(多少はあるのか?)。

「もったいないなあ」といいたがる連中は、自分は有意義なことをしているといいたいのだろうか。そんなもの、どっちにせよ大したことないのである。あるいは、そんな有意義は自分にはいらない。「なにもしていない」人間が、まるで罪人のように、一方的に責められるいわれはない。

「ライフシフト」なんかどうでもいい

リンダ・グラットン&アンドリュー・スコット『ライフシフト――100年時代の人生戦略』(東洋経済新報社、二〇一六)。やたらこの本が評判がいいようである。自民党の小泉進次郎衆議院議員が講演で引用したということで、流行ったようでもある。もはや人生八〇年ではない、これからは人生一〇〇年時代用に生き方を変えなければならない、ということらしいのだが、それがどうした、と思う。この本を買った人は、いち早くその考えを知って、今後の人生に参考にしようとしたのだろうか。この最新の「知」を知らなければ、時代から取り残されて大損するかもしれない、と焦ったのだろうか。

わたしは本書を書かなければ、この本は絶対に読まなかった。一応読んだうえでいうべきだなと思い、新刊を買っても読んだあとは邪魔になるだけだなと思い、図書館で借りようとしたら、これがもう何十人も並んでいる。へえ、やっぱり人気なんだ。

これじゃあいつになるかわからん、しかたないからアマゾンのマーケットプレイスで買うかと価格を見てみたら、これが新刊で人気の商品だからか、たいして安くなっていない。新刊だと税込一九四四円だが、マーケットでも送料を入れれば、たった一〇〇円ほど安いだけである。すると、送料込みで一三〇〇円くらいのがあった。すこしヘンだなと思ったが、これを注文したら、待てど暮らせどいっかな送られてこない。注文のトレースをしてみると、中国から発送されたあと川崎の郵便局を経て「城東郵便局」に到着、発送済、とあったが、もちろん当方には未着。業者は行方不明。やられちまったよ。結局、アマゾンに連絡して返金してもらった（こういうとき、アマゾンは対応が早い）。

で、しょうがないなあと思いながら、店で新刊を買ったのである。ほんとうは、こんな本買いたくはないのである。わたしの役には立たないとわかっているからである（そんな本を買うくらいなら、やよい軒のステーキ定食でも食べたほうがましだ）。みんなよく買うねえ。ピケティの六千円もする『21世紀の資本』を買った人たちはいまどうしているのか（図書館ではいまやガラガラに空いている）。なにか役に立ったのだろうか。それより、最後まで読み通せたのか。

この本の出発点は、世界の長寿化である。「二〇〇七年にアメリカやカナダ、イタリア、フランスで生まれた子どもの50％は、少なくとも１０４歳まで生きる見通しだ。日本の子どもにいたっては、なんと１０７歳まで生きる確率が50％もある」「いま20歳の人は１００歳以上、40歳の人は95歳以上、60歳の人は90歳以上生きる確率が半分以上ある」「いまこの文章を読んでいる50歳未満の日本人は、１００歳以上生きる時代、すなわち１００年ライフを過ごすつもりでいたほうがいい」。ゆえに「人生の設計と時間の使い方を根本から見直」さなければならない。

さらにつづく。長寿は高齢医療や年金の爆発的増加で負の側面ばかりが強調されて「災厄」と捉えられがちだが、長寿は「贈り物」であり、それを「恩恵にできる」。これまでの八十年の人生は「教育→仕事→引退」という「３ステージ」だったが、今までより二〇年も長く働かなければならなくなる「１００年ライフ」では、それを「マルチステージ」的な働き方に広げることによって凌ぐことになる。それが「エクスプローラー（探検者）」「インディペンデント・プロデューサー（独立生産者）」「ポートフォリオ・ワーカー（さまざまな活動を並行しておこなう）」のステージである――。

と著者たちはいうのだが、なにが「エクスプローラー」かね。コケ脅しの適当なことをいうんじゃない。「100年ライフの大きな特徴の一つは、ライフスタイルと人生の道筋が多様になることだ。どのような人生を生きるかは、一人ひとりの好みと環境で決まる。多様性の時代には、決まったお手本に従っていればいいという発想は通用しない」。たかが寿命が十年か十五年延びるからといって、いっていることが大げさだが、「多様性の時代」とはすでにいい古されたことである。

まあどうせオレには関係ないなと思っていたら、「あなたが何歳だろうと、いますぐ新しい行動に踏み出し、長寿化時代への適応を始める必要がある」だって。さらに図々しいことに「本書は、なによりもあなたについての本である。あなたが自分の人生をどのように計画するかが最大のテーマだ」（傍点原文）なんて調子のいいことをいって、いたずらに危機感を煽っている。そんなことあるわけがない。「あなた」（つまり、わたし自身）について書かれた本などこの世にただの一冊も存在しない。

この本にいかれた人はなにがよかったのかね。気になったのでアマゾンのレビューを読んでみたら、息子たちにこの本を贈ったという人が何人かいた。さぞかし、送られた息子たちも迷惑だっただろう。

現在の人生八〇年でも、個人としても国としても、困難続出である。ふたりの学者先生にはまずそれをどうにかしてもらいたい。未来に逃げるのはこすっからい。現在の問題についてはすぐ結果がでる。しかし未来はどうにでもごまかせる。そのうち、こんな本があったことも忘れられる。「長寿化が進めば人生の時間が大きく増える。（略）人生70年なら一生涯は61万3000時間だが、人生100年なら一生涯は87万6000時間になる」。こう書くとなんだかシャレていてインテリっぽいではないか。しかし、書き方がいんちきくさい。人生一〇〇年を時間換算してなんの意味があるのか。

定年後の人に関しては、能天気なだけの前向きなことがいわれている。「60歳以上の人は突如、長寿化の恩恵を手にすることになる。新しい機会が開ける半面、若い頃に想像していたより高齢になるまで働き、収入を得続ける必要が出てくる。若者たちのメンターやコーチ、サポーターを務めることがあなたの主たる役割になるかもしれない。さまざまな活動を並行しておこなうポートフォリオ・ワーカーという選択肢も広がりつつある。家族や同僚や地域社会に貢献するために時間を割くのもいいだろう。若い世代のロールモデルになり、生き方の指針を示せる可能性もある」

著者たちの年齢がわからないが、仕事の現場で実務経験のない人が、頭で適当に想像しただけである。その頭をフル回転させたことだけはわかるが、人間の人生はそうおあつらえ向きにいくかい、といっておきたい。「メンター」など、日本ではインチキ言葉と相場はきまっているのだ。「可能性」ならどんなことにだってあるのだ。

定年はだれにとっても初めての経験

定年はだれにとっても初めての経験である。だが、わたしたちは幼稚園に入るときも、小学校入学もはじめての経験だったではないか。入社もそうだ。幼稚園に入るとき、だれからも入園の心構えやコミュニケーションの取り方など教えてもらわなかった。知らない人間ばかりの、なにもわからない場所にいきなり放り込まれて、幼い頭といつの間にか形成されていた性格だけで、なんとかやってきたのである。

なぜ「定年」のときだけ狼狽えて、先輩たちの経験を読み聞き、専門家の話を聞きたがり、いろいろな情報を知ろうとするのか。むろん、先輩たちの経験や識者の忠告を知るのは悪いことではないが、結局、自分は自分なのである。〝定年後〟だって大丈夫にきまっている。わたしなんかにこんなこといわれなくても、ほとんどの人は自分の考えで自分なりの定年後を生きており、これからも生きていくのであろう。

幼稚園や小学校や会社と定年がちがうのは、定年以外はみな団体のなかに入っていくことだったのだが、定年はその団体から抜け出ていくことである。入っていく経験は数多く経験してきたが、抜け出る経験はこれがはじめてである。だから不安なのだということか。ゆくゆくは死ぬだけ、という終点がぼんやり見え、定年後はそのまえのモラトリアムという意識があるからか。

しかし、方向がちがうだけで、これまでの人はだれもがやってきたことである。なんとかでき、なんとかなるにきまっている。たかが、定年ではないか。徴兵されて、軍隊に入隊するわけではない。その先に戦地があるわけではない。そう考えれば、なにをしようと、またなにをしなくても、平穏に生きられるだけで夢のようなことではないか。

「第二の人生」とか「充実したシニアライフ」などのマスコミ言葉に踊らされないことである。「老後資金は大丈夫か」「長生きするには」などの不安を煽るような言葉に過敏に反応しないことである。どいつもこいつも、あなたの人生なんかにはなんの興味もないのだから。もちろん、だれひとり言葉の責任などとるものはいない。

足立紀尚(のりひさ)『幸福な定年後』(晶文社、二〇〇二)という本で、四十七人の定年退職者の生活を紹介している。足立の結論はこうである。「そもそも定年後をどう過ごすかなんていうことは、つまるところ人それぞれであって、これが正しいとか、かくあるべきなんていうものでもないだろう」。「定年はすべての人にとってフロンティア」である。これがあたりまえの考え方である。シンプルすぎるほどシンプル。

ところが専門家や定年本に、〝定年後〟のなんらかの良き方法を探したがる人は、当然こんないい方にはまったく満足しない。わたしのように、なにもしなくてもいいですよ、それが好きなら、というと、なんだ、おまえにはなにもないのか、役立たずが、ということになる。そして、わたしは良い方法を知ってるよ、という人が次々と登場してくる。

第2章

お金に焦るバカ

定年後のお金の話はめんどくさい

やっぱり、なんだかんだいっても結局、お金ですかな。定年を迎えるにあたって、最大の不安は。定年後をどう充実して暮らすのかも、なにを生きがいとして生きるかも、その前提として老後のお金の心配がなく、さしあたって心身とも健康、という状態がなければならない。年金だけでは毎月五万円の赤字になるだとか、貯金でそれを補ってもせいぜい五、六年しかもたないとか、持病の治療費がバカにならないとか、腰痛で動けないとか、入院しているなどの心配があれば、「充実した生活」や「生きがい」どころではない。日々の暮らしを支えるだけで精一杯ということになる。

健康はなんとかごまかしたりやりすごしたりすることができるが、お金はそうはいかない。あるかないかが、いやでもはっきりと数字で見える。昨日痛かった膝が、今日はちょっと和らいだな、ということはあるが、昨日なかった金が今日はちょっと増えてるな、ということは絶対にないのである。それゆえ定年を迎える人の大半が一番気になるのはお金の問題であり、定年本の多くもお金に関するものが多い。それでいったい、定年後にはどれだけのお金が必要なのかが取りざたされ、六〇〇〇万円だの八〇〇〇万円だのといわれるのだが、一定しない。当然である。人それぞれの生活状況によって異なるからだ。

定年後のお金の問題を物語形式（とはいえ諸データはちゃんとしている）でまとめた本がある。日経ヴェリタス編集部『定年ですよ』（集英社文庫、二〇一〇）である。副題に「退職後に読んでおきたいマネー教本」とある。「お金の増やし方」ではなく「教本」とあるとおり、年金、退職金、税金などの仕組み・手続きを解説した本である。

主人公は定年を翌年に控えた自動車メーカーの課長、五十九歳である。年収は六〇〇〇万円（少なすぎないか？　こんなものなのか）。一戸建てをもち、すでにローンは完済している。退職金の予定額は三〇〇〇万円。預貯金や株などを足すと三五〇〇万円の資産になるが、退職後は五年間の再雇用予定。

わたしなどから見るとオンの字の状態である。なんの問題があるのかと思うが、それでも、主人公の退職をめぐって金にまつわる細かい問題が次々と出てくる。物語の進行とともに、へえ、そうだったのか、と思うことがいくつも解説されるのだが、わたしは自分の退職に際してそれらのすべてを面倒だなと無視してきた。とはいえ、そんな手があったのか、失敗したな、というものはなく、細かいことに一々対応していたとしても、結局大差なかったな、と思っている。できる環境にもなかったことだし。

本筋とはズレたとこで、ひとつ気がついたことがある。この手の定年本や定年小説の主人公は、なぜ大企業や銀行に勤めていて退職金を三〇〇〇万円ももらうようなやつばかりなのか、ということだ。零細企業に勤める年収四〇〇万円の退職者など出てきたためしがないのである。ようするに、そんな男はハナから話にならん、ということなのだろう。多くの人が知りたいのは、そういう男の定年後の話だと思うのだが、そんな零細男は退職後のモデルとしてはすでに破綻しているということであるらしい。住宅ローンがまだ六十五歳まで残っている、なんて人はサンプルとして相応しくないのである。

わたしは株などやったことがない。401k(確定拠出年金)やNISA(少額投資非課税制度)も言葉は知っているだけで、まったく無縁。こういうことが好きな人がいて、そういう人が最終的には呵々大笑するのかもしれないが(当然、その逆もある)、わたしはなんの興味もない。かれらに負けてもしかたがない。大江英樹+井戸美枝『定年男子定年女子――45歳から始める「金持ち老後」入門!』日経BP社、二〇一七)には、「老後資金をつくるうえで、最も優れた制度」として「イデコ」(iDeCo 個人型確定拠出年金)が紹介されているが、これははじめて聞いた(それと401kの違いがわからない)。もっとも定年後十年も経ったいま、こんなことを知ったところで遅すぎる。

先の本の主人公である自動車会社課長も、資産の運用を考える。FP(フィナンシャル・プランナー)と相談して、退職金の残りと預貯金などを合わせて二五〇〇万円を充てることにする。こんな具合だ。

「2500万円のうち、2000万円を長期投資に、500万円を短期の攻めのおカネと分けてみた。長期の方は預貯金を半分、残り半分を国際分散型投信にして利回り2％を目指す。短期の方は自分がコレと思う商品で勝負する。この為替水準なら外国為替証拠金取引（FX）を始めようとか、債券投資だとかいった具合に分野を決め、集中的に情報を集めて勉強する。安定的に2％で運用できるようにし、あわよくば攻めのところで利益を上げる工夫をする」

くー、めんどくせえ。なんだこれ。と、イラつく資格がわたしにはない。わたしなどにはまったく無縁の世界のことだが、そもそも、元々の運用資産の二五〇〇万円がないのである。そんな人間は話にさえ参加できないのである。わたしは自分がそうなもんだから、世間の多くの退職者たちもそうだろうと考えてしまう悪癖があるが、意外に他の人たちはしっかりとそのへんのことはやっているのかもしれない。でも、人はどうなのか、など考えてもしかたがない。問題は「自分」なのだ。

お金の不安は解消しない

一番心配なのに、一番どうにもならないのが、お金である。そこを押して、なんとかならないものかな。おあつらえむきに、奥村彰太郎氏（ファイナンシャル・プランナー）の『定年後のお金の不安を解決する本』（知的生き方文庫、二〇一四）という本がある。そうか「お金の不安を解決」してくれるのか、そんな不安ならしこたまあるよ、と思って読んでみたが、ふふ、やはりそんなうまい話、あるはずがないのである。

ただ、年金の得なもらい方とか、保険の選び方とか、ローンの繰り上げ返済とか、葬儀費用の節約のしかたとか、どんな本にでも書いているようなことが書かれているだけである。当然ながら現在の貯蓄が倍になる方法とか、そういうことはない。

「年金でどう生活していくかを考えることが、お金の不安を解消する第一歩」ということで、「年金をもらいながら働く」方法とか、年金で足りない部分は働くかなにかして補わなければならない、などと書かれているが、みんなすでに、だれからいわれなくてもやっていることばかりである。

最後に、奥村氏はけっこう図々しいことをいっている。「みなさんのお金の不安は解決したでしょうか？　人によって、お金の状況はまちまちですから、さまざまなご意見があることでしょう」。そんなに意見がないから、あなたの本を読んでみたのだが、「預貯金が足りないのであれば、確定拠出年金やＮＩＳＡなど非課税の金融商品の利用を考えみる」「何か不安のもとをつかめば、対応策はいくらでもあるのです」と、素っ気ない態度。そしてついには、こんなおざなりのお言葉だ。「定年までの残り時間を、どう使うか――その時間を上手に使うことこそが、お金の不安を解決する近道です」

弱ったね。元々、「お金の不安を解決する」という惹句にひっかかったわたしが浅はかだったのである。まあほんとうのことをいえば、そんなに「不安」があったわけではない。本書を書く上で、「不安」のフリをしていただけで、実際は、ないお金はない、と開き直っているのが実情である。いったん不安に襲われたら、それを取り除くことはけっこう難しい。最初から無駄な不安にとりつかれないこと、それが一番である。これはけっしておざなりではない。

気を取り直して、次にいってみよう。定年後の生活にはいったいどれくらいの資金が必要なのか。そのへんのことを書いた本を開いてみる。いっとくけど、ないものはないからね、とあらかじめ次の著者に断っておいて読み始める。

伝家の宝刀か、錆びた刀か

定年後いくら必要なのかが、よく雑誌などで特集されているが、金額はまちまちである。そのつど、ばかいってんじゃない、とわたしは思う。自分で、いくら必要なのかね、といっておいて、ばかいってんじゃないもないものだが、一応、退職後の想定必要総額はこういうことで出てくる。

その計算方式は、毎月の予想生活費×一二カ月×平均余命年数である。まあだれが考えても、そうなるわな。岡崎充輝『図解　定年までに知らないとヤバイお金の話』(彩図社、二〇一七)には、毎月約三一万円×一二カ月(年三七二万円)×平均余命二二年間＝約八一八四万円としているが、女性は男性より平均余命が六年長いから、「そこまで考慮すると、定年後に必要なお金は、1億円に近い金額になるようです」。

やっぱりな。一億円。「知らないとヤバイ」だけじゃなくて、知っても「ヤバイ」じゃないか。わたしたちは「定年後の生活費は今より減るんじゃないか」と考えがちだが、「食費や水道光熱費、住居費などの生活費の中心は減ることはない」と考えたほうがいい。しかも生活費以外にも、住宅ローンが残っていればその返済があり、税金(自動車税、固定資産税、消費税、相続税、一定以上の収入があれば年金にも税金がかかる)も健康保険料も、医療費もあり、結局、定年後に必要な資金は一億円以上になることが予想される、という。

なんだこれ？　と一瞬ギョッとなるが、これはもちろん、最低一億円は定年前に準備しておかなければならない、ということではない。そんなことといわれたら、わたしは生きてはいけなかった。定年後には伝家の宝刀の退職金と、とりあえず年金がある。といって、むろん安心はできない。

まずは退職金である（いまでは退職金制度がない会社も多い、と聞くが、実情はよく知らない）。大卒、勤続三五年の退職金は平均して二三五〇万円といわれる（本によっては二二〇〇万とも二五〇〇万とも。ちなみに一五〇〇万円までの退職金は無税。それ以上になると税金がかかるが、大した額ではない）。しかし当然のことだが、退職金にも格差がある。厳しい事実である。団塊の世代は「逃げ切りの世代」といわれたが、わたしの退職金は勤続三四年で九〇〇万円もなかった。宝刀どころか錆びたボロ刀だった。先輩社員が「恥ずかしくて銀行にいえないよ」と嘆いたほどの額である。だれもが二〇〇〇万円も三〇〇〇万円ももらっているわけではない。

当時の社長から、定年まであと何年というときに月給を下げられ、定年まではこの額で固定するといわれた。退職金を減額するための仕業としか思えず（どっちみち五十歩百歩だったのだが）、その旨文句をいうと、いまでも忘れられない一言をいわれた。「君は運が悪い」。ぐう。しかしその社長でさえ、退職金は二二〇〇万円だったと聞いた。それも一回で払えずに、一〇年分割にしたが、社業の不成績により、結局残りの半分くらいは払われなかったのではないかと思う。

もういまさらその社長も会社も恨んではいない。その会社を選び、居続けたのはわたしが決めたことである。安月給で、金の使い方はけっこうザルだったが、それ以外ではいい会社だったと思っている。安月給で、金の使い方がザルで、どこがいい会社なのだと嗤われるかたもいようが、そういうことはあるのである。

退職金や年金の平均額を知っても無意味

厚生年金にしても、在職中の収入（標準報酬月額）によって、受取額に差がある。厚労省が二〇一七年三月に発表した厚生年金の平均月額は、男で一六万六一二〇円、女は一〇万二一三一円である。わたし自身の年金の月額を発表しておこう。月額は一三万五九四〇円で（介護料を取られるようになって前より減った）、男平均からは月三万円も低い（ついでにいっておくと、夫婦合わせた年金額は二ヵ月で約四三万九〇〇〇円、月に直すと約二一万五千円である）。

わたしの年金額は平均にくらべて月三万円も低い、と書いたが、愚痴っているのではない。ただの事実である。お金の問題になると退職金にしても年金にしても、かならず世間の平均額が出てくる。あれはいったいなんのための数字か。一応気になって見てしまうのは人情だが、その結果、わたしの退職金は平均額を圧倒的に下回り、年金でも平均に及ばない。だからといって、なにがどうなるわけでもない。世間の平均額など知ったところで、なんの役にも立たないのである。

まさか、自分の退職金や年金が平均より上だと知ってほくそ笑んだり、下だと知って焦ったりする人はいないだろうが、もしそういう人がいるなら愚かなことである。世間に勝っているぞ、とか、世間に負けてるのか、と思ったところで、実情はビクともしないからである。それに上ならまだしも、下だと知って、お金がないうえに、気持ちまでが落ち込んだり、焦ったりしてしまっては、元も子もないのである。

先の『図解　定年までに知らないとヤバイお金の話』によれば、厚労省のモデルケースは夫の年収が五七六万円として、夫婦の合計の年金月額は二三万円となっている。しかし「国が示しているこのモデルの年金を超えられるのは少数派と考えられる」。つまり「年金だけで老後生活していく」のは「どう考えても不可能です」。いや、不可能かどうかを決めるのはあなた（岡崎さん）ではない。もしも他に収入がなければ、不可能であろうとなかろうと、年金でやっていくしかないのである（住居費さえなければ、なんとかいけるのではないか）。足りなければ働くか、なけなしの貯金を崩すかして補うしかない。

年金は何歳からもらうか、という細かい問題もある。厚生年金の繰り上げ支給で、六十歳からもらうと、六十五歳からもらう満額の七〇％しかもらえない。「76歳8ヶ月以上長生きすると65歳からもらった方が得になる」のはわかった上で、わたしはすぐ収入があった方がいいのと、六十五歳以上生きられる自信がなかったから（健康に問題があったわけではない）、迷うことなく六十歳からもらった。とっくに六十五歳は超えてしまったが、後悔はない。要するに損得ではない。わが町でも「豊かな老後のための年金セミナー」（「終活セミナー　エンディングノート講座」などもある）というものが開かれているようだが、なにが「豊かな老後のため」だと思い、行かない。それなりに盛況なのだろうか。

定年後いくら必要かを決めるのは自分

岡崎充輝氏は、定年までにやるべき具体的な対策として、①「定年までの目標貯蓄額を決める」、②「住宅ローンの繰り上げ返済」を考える、③「無駄な保険を見直す」の三つを挙げている。で、その「定年までの目標貯蓄額を決める」だが、これがめんどうくさい。同書で示されている「定年後の収支シミュレーション表例」によると、二〇一七年から二〇四二年まで（六十歳から八十五歳まで）、収入明細と支出明細の数字がびっしり書き込まれている。で、その最終的な差額が「定年までに用意する額」となるのだが、こんな面倒くさくてばかばかしいことを真剣にやる人がいるのだろうか。

計算機片手に夫婦で必死になって計算し、表づくりをした挙句、「現実問題、どう計算しても『こんな金額準備できない』という場合は、どうすればいいのでしょうか」なんて岡崎氏はいっている。そりゃそうなるよ。とどのつまり、「支出を減らすというのが現実的な方法である」。最初からそういってくれよ。もう、どうでもいいや、そのときはそのときだ、どうにかなるだろう、と思うしかないのである。

無駄な保険も見直しなさいということだ。「人生における最大のリスクである『長生きリスク』への対策は、結局、無駄な支出を極力減らすことです。そのためなら、極端な話、保険なんかいりません」。これは力強いお言葉。資産運用については「結論として、あまりおススメできない」と、これまた良心的。町を歩くと、銀行の窓に「資産運用」の大きな紙が貼りだされている。お生憎様。わたしはそんなつもりもないし、そんな才覚もないが、そもそも運用すべき資産がない。

結局、自分の定年後の生活は自分でコントロールすればいいだけのことである。自分のできる範囲で生活をすればいい。いくら必要かなど、計算しても意味はない。それに、これから生きるつもりの二二年間分の生活費を計算しても、二二年間が一度にやってくるわけではない。一日ずつやってくるのである。それに二二年間（ただの平均寿命）がほんとうにやってくるのか、それよりも短いのか長いのか、もわからない。一応そこまで想定するのがまともな人間の考えではないか、といわれるかもしれないが、わたしはそうは思わない。直近五年くらいで十分である。

必要なのは今日、今月、今年を生きていくことである。あれやこれやのただの平均でしかない情報を見て、心配しすぎたり、安心させてもらいたがるのは愚かである。年金だけでは生活できないといわれても、それしかないのなら、それで生活をするしかない。爪に火を点すような暮らし、というのがどんなものかわたしはまだ知らないが、それしかないのならやむを得ないことである。

ある調査によると、ゆとりのある定年後の生活をするには「月額35万円」必要だという（これも怪しい平均額）。しかし。先の『定年男子定年女子』の共著者である大江英樹氏は、岡崎氏のいうところとはちがって、現役時代には夫婦で月三四万円かかっていたのが、定年後は二二万円に減ったといっている。そう。結局問題なのは、自分の暮らし方である。定年後に一億円必要といわれようが、月に三五万円必要といわれようが、そんな額まで他人に決められることはない。そんなものは各人の生活次第である。

ただし、自分で生活をコントロールするといっても、そのためにはひとつ条件がある。定年後に住宅費がかからないことである。この小さくない固定費が定年後まであるようなら、さすがに年金だけでは苦しいだろうと思う。

わたしの退職金が少なかったのは、なんの裏もない。そのままの事実である。大江氏も正直にこんなことをいっている。「私は定年退職時に預貯金がたったの１５０万円しかありませんでした」。おお、親近感が湧くねえ、とわたしは思ったである。かれは大手証券会社に三八年間勤務した人だが、ふたりの娘を「中学校から大学まで私立に通わせ（エスカレーター式の名門校か……引用者注）、高校時代はそれぞれアメリカとオーストラリアに留学した」。商売に失敗した父親の「借金の肩代わりもしたため、お金は本当になかった」。

ところがそのすぐあとに、「もちろん、退職金や企業年金、公的年金がでるということが大前提として」あったから「老後についてさほど心配はしていませんでした」。なんじゃそれ。おそらく定年後の生活はそれらを全部合わせれば十分暮らせて、お釣りがくるくらいの額があったのではないか。あまり「１５０万円」を強調しないでもらいたい。仲間かな、と共感した親近感を返してくれ。

ただ大江英樹氏のつぎの言葉はほんとうである。「持ち家があり、住宅ローンの返済が終わっている会社員の家計がそう簡単に破綻することなどないと分かっていました。ぜいたくはできないけれど、食べていくくらいならなんとかなる」。つまり住宅費という固定費の問題である。この点に関しては、奥村氏も、また岡崎氏も、定年前にやっておくべきこととして「住宅ローンの繰り上げ返済」を挙げていた。

わたしは定年後の準備というつもりではまったくなかったが、幸いなことに、定年前に住宅ローンを完済することができた。在職中、このことをわたしはまったく軽視していたが、定年後、そのことがどれだけ助けになったかがわかった。これについては、第6章でまたふれることにしたい。

上流と下流、幸福と不幸のあいだ

お金の問題はわかりやすい。あるかないか、だけが問題で、資産ン千万円、年金の月額が夫婦で三〇万円以上あるなら、ほぼなんの問題もない。住宅ローンが残っていたが、退職金で一括残額返済した、という人も一安心であろう。月に五万円足りなければ、働くしかない。働きたくもなく、貯金を切り崩すのも嫌なら、生活を切り詰めるしかない。投資は考えない。素人が手を出すにはリスクが大きすぎる。

資産家は別として、「お金の不安を解決」するには、これらのどれかしかないのではないか。いや、お金はないがどれも嫌なんだけど、という人には、つける薬はない、といいたいが、ないわけではない。稼ぎもせず、生活も切り詰めず（野放図な贅沢をするのではない）、ふつうに生活して、貯金がもつところまでいく、というやぶれかぶれ型である（貯金もなければ、さすがにつける薬はない）。わたしは、そこまで思い切る度胸はないが、気分としてはそれに近いものがある。

わたしはそれを、なるようになる派といいたい。しかし実体は、破滅型だろう。それでも、そんな考えが好きなのは、お金のない不安やストレスとほとんど無縁でいられるからである。どうせお金がないのなら、焦ったところでなんにもならない。なるようになる、なんとかなる、と気楽に考えたほうがよほどいい。お金の多寡は、自分の意志ではどうにもならないが（多少はなんとかなる）、気持ちは自分の考え方次第でどうにでもなるからである（相手がいる場合は、どうにもならないこともあるが）。

定年時に、退職者によって資金状況に格差があるのはしかたない。定年者ともなれば現実的だから、そのことを嫉妬したり嘆く人は少ないと思う。満足はしていないにしても、ほとんどの人が自分の状況のなかでじっと生きているのではないだろうか。けっこう楽しく生きている人だって少なくないはずだ。お金はいうまでもなく生活の基礎だが、それだけで定年後の生活のすべてが決まるわけではない。生活はもっと総合的なものである。

「個人の年収と幸福度の相関」において、「年収が高くなるほど幸福度が上がる。ただし600万円を超えると幸福度は伸び悩む」という調査結果がある。調査対象はほぼ団塊の世代である。「『とても幸せ』に限れば、1200万円以上で15％と増えるが、『幸せである』と合計すると78％であり、８００万円～１２００万円未満のシニアの82％よりも少ない。６００万円以上収入があることは、幸福度にとってはあまり意味のないお金であり、１２００万円以上あってもますます意味がないらしい」（三浦展『下流老人と幸福老人——資産がなくても幸福な人　資産があっても不幸な人』光文社新書、二〇一六）

なるほどね、やはりそういうものか。わたしは一二〇〇万円の年収など一度としてあった試しはないが、それが「幸福度」にとっては「ますます意味がないらしい」というのはわかるような気がする。ただの安心料だろう。外車を五台もっていても、ほんとうはそれほどうれしいはずがない。夫婦でお金を貯めて買った軽自動車のほうがよっぽどうれしいはずである。にもかかわらず、金持ちはもっとお金が欲しくなるものらしい。それで投資詐欺にあったりしている。あれは、ただ盲目的にお金を増やしたいのだろう。

「１人暮らし世帯」においてもこんな調査結果がある。「子供のいる男性で『幸せである』は39％だが、女性は71％である」「孫がいる男性は『幸せである』が37％だが、女性は73％である」。この男女差の開きは意外である。「このように、男性は子供や孫がいても必ずしも幸せではない。むしろ、子供がいない人のほうが『幸せである』が40％と少し多い。孫がいない男性は『幸せである』が43％と明らかに多い。これは、現在のシニアでは、経済力が男性の幸福度を測る基準として重視されたからであろうか」

なるほど、子どもや孫よりも「お金」か。いかにも現実的である。しかし、そのお金にしても使いきれないほどはいらない、ということだ。歳をとればもう欲しいものなど、そんなにあるわけではない。巻末の藤野英人氏（投資ファンド会社社長）との対談で、三浦展氏は「結論は、『下流幸福老人』は、自分だけでなく他人の幸福を考える人、『下流不幸老人』は、お金が欲しいと言い続ける人、『上流不幸老人』は、夫婦や子供との関係が悪い人、でした」といっている。

うなづける指摘である。ただし、これもアンケート結果による比率である。あなたもわたしも入ってはいない。自分について知っているのは、わたしたち自身である。

定年や老後にかぎった話ではないが、メディアに取り上げられる例は、目立つ人か目立つことばかりである。定年の話でいえば、上は充実した生活を送っている人、下は公園や図書館で時間を持て余している人である。老後では、上は高級介護マンションでゆとりある老後を愉しんでいる人、下はその日暮らしの先に希望のない人。

いずれにしても取材に値し、世に報じる価値がある人でなければならない。三浦展氏のこの本でいえば「下流老人」と「幸福老人」である。大半ののっぺらぼうの中間は、おもしろみがないのだ。しかし統計にもアンケートにも登場しない現実のわたしたちは、「上流」でも「下流」でもなく、「幸福」でも「不幸」でもないあいだで、生きている。

第3章

生きがいバカ

充実した生活とはなんだ？

わたしたちは定年後にどんな生活を望むのか。多くの定年本に、「充実した暮らし」「生活を充実したものにしようと必死」「これからの生を充実させる」とあるように、また当事者たちにとっても、一言でいうなら、「充実」した定年後の生活をおくりたい、ということになるのだろうと思う。言葉でいえば、そうなるのだろうが、では「充実した暮らし」とはどんな暮らしのことなのか。

たとえばそれが、死ぬまでお金の心配がなく、心身ともに健康になんの不安もなく、家族がみんなうまくいっていて、社会貢献できている仕事をもち、趣味も多彩で、信頼できる友人たちに恵まれている、といった理想的な状態のことだとしたら、ほとんどの人は望むべくもないことだ。世の中にはそんな人がいるのだろうが、ごくふつうの会社員だった人間にはなんの参考にもなりはしない。けったくその悪い「充実」である。そんな人は勝手に「充実」していればいいと思う。

「充実」とは中味が詰まっていて、そのことに満足していることだろう。だから、「充実」の反対には「空虚」「無為」「空っぽ」がある。充実とは、することがあり、そのことで時間が埋まっていて有意義を実感できることであり、空虚はすることがなにもなくて、時間をもてあましている状態のことである。空虚な生活とは、なにもすることがない、なにをしたらいいのかわからない、無為・無意義の時間であり、つまり、なにもするこがなく、ひとりでいる時間が怖いということだろう。

とするなら、ひとりで、とくにこれといってすることがなく、毎日がうれしくも楽しくもないが、といって寂しくも不満でもないという状態なら、「可」ということにならないか。「充実した暮らし」は人さまざまであろう。だから、当人が、これでいいよといえば、だれがなにをいおうと、それが「充実した暮らし」である。その暮らしになにを詰め込むか、詰め込まないかは、あくまでも自分で決めることである。

けれど、あまり「充実」という言葉にひきずられることはない。「生きがい」という言葉もそうである。現役時代の生活だって、それほど「充実」していたわけでもなかったではないか。すくなくとも、わたしはそうだった。仕事も家族も「生きがい」ではなかった。いや、「生きがい」だったといえばいえないことはない。生活だって「充実」といえば充実していたといえないことはない。ようするに、「しあわせ」とおなじで、言葉だけの問題だ。ある意味、いったもん勝ちの領域だ。それを「定年後」だからといって、大げさに特別視することはないのである。

二十年が一度にやってくるわけではない

加藤仁氏は「定年を迎えると〝八万時間〟という財産が転がりこんでくる」といっている(『定年後の8万時間に挑む』文春新書、二〇〇八)。つまり八十歳まで生きるとすると、「定年後の余暇時間は、会社で働いた時間とほぼおなじ量になる」(一日の余暇時間十一時間×三百六十五日×二十年間。それがつまり八万時間)。「ただし職場に捧げたのとは異なり、定年後の〝八万時間〟、すべて自分がよりよく生きるために捧げることができる。だからこそ財産なのである」

しかし会社に捧げていた日々の「十時間」を定年後にどうすごすかが課題で、多くの人はこの「時間を潰すのに四苦八苦」する。加藤仁氏はそれを知るためにこれまで三千人以上の定年退職者にインタビューをしてきたという。この本には四十人ほどの有意義な時間を使っている人々の実例が示されている。そしてこういっている。賛成である。「まだまだ仕事をしたいと思えば、そうすればいい。学びたい、遊びたい、奉仕したい、と思えばそうすればいい」「大切なことは、自分にとっての〝第一義〟がなんであるかを見失わないこと」である。それでも加藤氏は〝なにもしなくてもそれで満足なら、それでいい〟とはいっていない。

「そうか、あと二十年（悪いが〝八万時間〟という表記は、実感としてまったくピンとこない）も、あるのか。長いなあ、おれはなにをするかなあ」と考えたり、「おまえはなにもしなくていいというが、二十年間もなにもしないのかね」といわれたりもしようが、錯覚しないでいただきたい。二十年間が一度にどっとやって来るわけではない。来るのは一日一日である。人になんといわれようと、その一日一日を好きに暮らせるならそれで十分である。

だから細かいことをいえば、二十年間を一度に総取りしたかのような〝八万時間〟は「財産」とはいえない。加藤氏のいいたいことはわかる。しかし二五歳の会社員に、月給三〇万円×一二ヵ月×三〇年間＝一億八百万円の「財産」があるとはいえないのとおなじである。手元にあるのは月々の三〇万円だけである。まだ見ぬ二十年間を先取りしてずっと「充実」させようと思ったり、二十年間持続する「生きがい」を考えるのは無意味である。大変だよ。

わたしは今年で定年後十年になる。一日一日ほとんどなにもしなかったら、十年経ってしまった。細々と文章は書いた。しかしその大半はテレビ三昧、読書三昧、ＤＶＤ三昧の日々だったといっていい。いやいや、今日もまたなにもせずに、朝までYouTubeを観てしまったな、こんなんでいいかね、と一応自分に形だけの反省はさせてみたが、じつをいえばそのような日々は悪くはなかったのである。なんの後悔もない。

もちろん、「生きがい」を見つけ、日々を「充実」したものにしたければ、そうすればいいことである。くどいが「なにもするな」といっているのではない。孫の成長が楽しみだ、という人はしあわせであろう。しかしそれはあくまでもその人の話だ。普遍的な「生きがい」や「充実」というものはない。

「もちろん、何もしないよりはいい」

残間理江子氏の『それでいいのか蕎麦打ち男』（新潮社）は、団塊の世代の大量定年が目睫に迫った二〇〇五年に出版された。当時はやたら蕎麦打ち男がマスコミに取り上げられた時期で、残間氏は「団塊男たちよ、今もなお創造の世界と繋がっている証であるかのように、陶芸教室に通ったり蕎麦打ち教室に行ったり、習い事をしているだけでいいのか」と、なぜかわからないが、団塊男たちを叱咤しているのだった。かれらは「このまま静かに朽ちていくだけなのではないかという気がしてくる。定年を迎え、世の中からいつのまにか何となく消えていくのではないかと思えてならない」

けっこうなことじゃないか。団塊の男たちが消えていってだれが困るのか、むしろ日本全国清々するんじゃないか、とわたしは思う。しかし「団塊の世代」になにやら思い入れがあるらしい残間氏はちがう。蕎麦や陶芸のほかに、世界遺産巡りの男たちやＮＰＯを立ち上げた男たちもいる。残間氏はかれらにも不満である。「今なお現役の社会人だと言いたいがために、〝好い人〟の象徴のようなNPOの名を名刺に刷るだけでいいのか」。むろん「趣味の領域拡大も社会貢献活動も悪くはない」。しかし「ただの時間潰しや見栄の為なら考え直して欲しい。せっかくそこまでいったのなら、もう一歩歩みを前に出して貫いたいと思うのだ」。

大きなお世話である。わたしも蕎麦打ちにはなんの関心もない。しかし、いいじゃないか、蕎麦くらい打たせてやれよ。なにより気に入らないのは、残間氏のつぎの一言である。「もちろん、何もしないよりはいい」

なぜ、なにかをすることは、無条件に「何もしないよりはいい」ことになるのか。「何もしない」ことはまるで罪悪のような扱いである。各界の五十代以上の著名人たちを集めて「大人から幸せになろう」という大きなイベントをプロデュースをした残間氏は、誇らしげにこういっている。そのイベントで「私が得た結論は、実年齢を超越して活き活きと輝いている人というのは、二つの『ソウゾウ力』、つまり想像力と創造力を持っている人だった。とりわけ、いくつになっても変化を恐れず新しい自分を切り拓いているクリエイティブな人（創造的な人）は、心身ともに真の若さに貫かれていた」

ほんとかね。なーにが「クリエイティブな人」だ。まあどうでもいいが、わたしには「活き活きと輝いている人」というのがどうにもウソくさくて、うっとおしいことこの上ない。

しかしそういう人たちが好きらしい残間氏は、わたしが喝を入れてやるよというように、団塊の世代に向かってこういい放つのである。「とにかく『動け！』」

やかましいわ。なんのつもりかね。「精神、肉体ともに動線を拡大させ、縦横無尽に動き回らせることが大切だ。／しかも、無理矢理動かされているように見えては駄目で、いかにも楽しそうに動かなければいけない」。当時、「クリエイティブ・シニア」という会社をつくり、そこの社長だった残間氏は、わたしはイケてる、と自信満々だったのだろう（いまでも公私にわたってご活躍のようであるが）。

で、動くといってもどう動けばいいのか、といえば、「自分の人生にどれだけ沢山のイベントを設定できるかという視点を導入し、その都度テーマを決めていけばいろんなところに行けるのではないか」といって、「夫を捨てる旅、夫とやり直す旅、十歳若返らす旅、弛緩した精神を叩きなおす旅……少し、考えればテーマはいっぱい転がっている」と、わけのわからん、しょうもないことをいっている。

ほんとに「少し」しか考えてないのだ。そして蕎麦打ち、陶芸男を揶揄した残間氏が勧めるのは、なんと「シニア海外ボランティア」（自分は全然やる気がないくせに）、地方への「移住」、「オヤジバンド」、楽器の習得、あとは「オシャレ」である。蕎麦打ちを小ばかにして、「オシャレ」ってなんんだ。

十二年も前に出した本にいちゃもんをつけられて、残間氏もいい迷惑だろうが、それはしかたないのである。「もう一歩歩みを前に出して貰いたい」だの「動け」だのと偉そうなことをいっといて、その一歩先が「移住」や「オヤジバンド」ではいけない（いや、別段いけないこともない）。元々、「もちろん、何もしないよりはいい」という先入観がおかしいのだ。「する」も「しない」も個人の勝手である。

三津田富佐子氏（加賀前田家の末裔。夫の死後、ひとりで百歳まで生きた文筆家）の物理学者の弟が、三津田氏に披露するエピソードがいい。弟氏が好きなエピソードだという。武士が長旅をしていたとき、お茶を点てる。同僚がそんなのんきなことをしている場合か、と苦情をいうと、件の武士は「これもそれがしの一日でござれば」といって、ゆっくりと茶を飲みほした（三津田富佐子『50歳から90歳の今も……「ひとりの時間」を愉しむ本』三笠書房、二〇〇二）。これでいいのではないか。これがそれがしの定年後の一日でござれば。

定年は「終わった人」か？

わたしは「定年後は自分の好きにすればよい」と考えているだけだから、それほどいいたいことがあるわけではない「生きがい」についても、そんな贅沢なものはなくていい、と思っている。実際、特別な「生きがい」などない。「あなたの生きがいはなんですか」など愚問である。自分のことより、他の人がどんなことを考えているのかを知ることのほうがおもしろい。

定年退職した男の日々を書いた内館牧子氏の『終わった人』(講談社、二〇一六)は、タイトルもインパクトがあったのか、ベストセラーになった。いいなあ。内館氏は随分たくさんの退職者たちに取材したことだろう。

主人公の田代壮介は昭和二四年生まれの団塊の世代。東大法学部を卒業後、メガバンクに就職し、同期二〇〇人のなかでエリート街道まっしぐら、役員競争で最後の二人にまで残ったが、敗れた。自分は「毎朝夕、黒塗り(ハイヤー……引用者注)に送迎されるべき人間だった」のに、四十九歳で社員三十人の子会社に取締役総務部長として出向させられた。さらにその二年後転籍を命じられて、自分は「終わった人」だと思った。それでも、やむなくそれを受け入れた。定年まで「千三百万円」の年収は保証されたのだ。そのまま六十三歳で定年を迎えた。六十五歳までいられたが、もはや地位も給料も下る地位に「しがみつく気はなかった」。

結局「俺は家族を守っただけか……という小物感」に襲われる。これからは「時間は幾らでもある」と考えることは「みじめ」と思うような男だ。殊勝なことに、妻への「いとおしさ」がこみあげる。「俺の妻にならなければ、もっと別の人生もあっただろう。結局、俺は普通の男で終わり、そういう男と一緒になれば妻もそのレベルで終わる」。この男はそういう目で他人の夫婦も見るのだろう。「妻は、五十七歳とは思えぬ愛らしさだ。まだ十分にイケる」

どんな妻か知らんが、そんなわけあるか。内館氏もなんのつもりか。田代が妻に旅行に行こうというが、美容院の仕事が忙しいからと断られ、友だちと行けばといわれて気づく。「俺には、一緒に温泉やドライブに行くような友達がいない」。妻に断られたことが「みじめだった」。この男いい歳をして、なにかにつけ「みじめ」だと思うのである。

妻にスーパーに誘われる。「情けなかった。俺は平日にスーパーに行く男になってしまったのだ。平日の午後、妻とお茶する男になってしまったのだ」。妻は急な呼び出しで仕事に行く。「定年というのは、夫も妻も不幸にする」と嫌になる。残された田代は、「スーパーで買ってきた刺身、だし巻き卵、筑前煮」で酒を飲み、「テレビでニュースを見ながら、ゆっくり一人でとる夕食、悪くない」。なんだ、みじめだ、と思わないのか。いったいどういう男なんだ。よく「筑前煮」なんか買ったな。

ここで、おなじみの陳腐な感想がを吐露される。「人にとって、何が不幸かと言って、やることがない日々だ。誰にでもできることでいいから、やることがたくさんあればどんなにいいか」。しかしやることがないからといって「町の図書館には行かず、散歩もしない。図書館は老人の行くところであり、散歩も老人のやることだ」。見栄だけはあるのだ。

そのくせ愚痴ばっかり。「俺には何の趣味もない」「親しい友達もいない」「ヒマな今でも、特に欲しいとは思わない」。娘が孫を連れてくる。「パパ、恋をしたら？」。バカ娘である。妻も賛同する。「そうよ、恋よ。偉い先生たちがよく勧めてるじゃない。リタイアした人こそ恋をしろって。恋がなによりの生きる活力だって」。ばかいってんじゃない。

「俺のこの後の人生に、何が残っているのだろう」「何も残っていないし、何も起こりはしない。確実に残っているのは葬式だけで、俺はすでに終わった人なのだ」。誇りも見栄もあるくせに、まあ自虐的で悲観的なだけの男である。定年後、数ヵ月で、こんなことを考える男はまずいないといっていい。定年は「生前葬」だの、「散る桜」だの、こんなことばっかりいっている。内館氏もどこかで聞き覚えた言葉なのだろう。内館氏にそんな実感があるとは思えない（わたしにもない）。

この男、たぶん貯金はしこたまある。持ち家（マンション）もある。それに健康だ。妻がいて、娘がいて、孫が二人いる。孫からは「ジージ」と呼ばれる。いやだねえ。これだけ恵まれていて、なにが、あとは「葬式」だけだ、か。「本を読んだり、テレビを見たりするしかない」。いいじゃないかテレビで。わたしは俗悪番組を観ては「ばかじゃねえのか」と思うが、なかにはいいものもあるぞ。結局、これは作家が頭のなかで考えただけの定型化した「定年男」像にすぎない。「俺はこれからどうなるのだろう」って、「わたしはどうなるの？」という女じゃあるまいし、男のいう言葉か。

小説は物語が動かなければならない。だから内館氏も動かす。この先、若い女との出会いがあったり、ベンチャーへ参加したりする。読者をひきつけようとするからしかたないのだが、無理に動かすものだから、登場人物の行動に無理がでる。だが実際の定年後となると、そうそう動くものではない。およそ小説なんかにはならない日々の繰り返しである。あれもやろうこれもやろう、でもまだいいか、と一日延ばしにしていたものが、気づけば十年なにもしなかったなんてことはあるのである。

先が短いという幸せは、どん底の人間をどれほど楽にしてくれることだろう。

いや、その幸せはどん底の人間でなくても、六十過ぎにはすべて当てはまる。「先が短いのだから、好きなように生きよ」ということなのだ。

嫌いな人とはメシを食わず、気が向かない場所には行かず、好かれようと思わず、何を言われようと、どんなことに見舞われようと「どこ吹く風」で好きなように生きればいい。

突然、こんな達観したような感想が吐露されて驚く。わたしが考えていることとほぼおなじではないか。しかし、いかにもとってつけたようで、この男らしくない。六十五歳で「先が短いという幸せ」は考えすぎだし、この男のどこが「どん底」なのかね。この男、いずれ若い女と出会うのだが（内館先生がおあつらえ向きに物語を動かしているだけだが）、その顛末は第7章の「未練バカ」で紹介することにする。

わたしも「する派」だった

多くの定年本が、定年後の生活を謳歌している人たちを紹介している。『定年後の8万時間に挑む』がそうであり、評判の楠木新(あらた)氏の『定年後――50歳からの生き方、終わり方』（中公新書、二〇一七）もそうである。朝日新聞「55プラス」取材班『55歳からの「一生モノ」入門――まだまだ人生は変えられる、39のお楽しみ』（講談社、二〇一三）も、「これからシニア時代を迎える人たちには、膨大な時間が待っている。その時間を有意義に過ごすための情報を提供したい」として、「実年齢を超越して活き活きと輝いている人」を紹介している。

大学で勉強、書道、香道、川柳、英会話、城巡り、寺巡り、気象予報士、ピアノ、落語、芝居、シルバーモデル、犬、アイドル好き、寿司を握る、そば打ち、宇宙チェス、絵手紙、マジック、登山、星座、スキー、盆栽、鉄道、田舎暮らし、絵画、温泉、フラダンス、社交ダンス、スキューバダイビング、弓道、乗馬、ボクシング、ボランティア、日本語教師、絵本の読み聞かせ、などをしている人々である。世間の定年退職者のなかには、こんなに自分らしく元気でやっている人がいっぱいいるよ、あなたも老け込まないで、自分なりの定年後を愉しんではいかがですか、ということなのだろう。

まあそれだけの人々に取材した労は多とする（ほんとはそうでもないが）けれど、そんな人々を紹介しようとしたらキリがない。定年後になにかをやっている人は無数にいるのである。そんな人のなかで、わたしの好きそうなことをしている人もいれば、どうでもいい人もいる。テレビ朝日の『人生の楽園』という番組も、定年後の人生に生きがいをもって、充実した日々を過ごしている人々を紹介している。

わたしは人の暮らしを見るのが好きだから、この番組は以前から観ているが、かれらの生活を観て参考にしようと思っているわけではない。当然、そこに画にならない人々は登場しない。テレビ的なつくりも目につき、かれらの「楽園」を一〇〇％信じているわけではないが、そんなことはいい。当人たちの実際の日々は、テレビに映らないさまざまなことがあると思うが、いずれにせよ、かれらはみんな自分で考え、自分で実行しているのである。その点では、たいしたものだと感心する。

先ほどすこしふれたが、定年後の数十人の「幸福」な人々を取材した『幸福な定年後』(晶文社、二〇〇二)を書いた足立紀尚氏は一九六五年生まれだから、この本を書いたのはかれが三十五、六歳ごろか。昭和一二年生まれの父親がいる。六十歳で定年退職後、週三日の仕事をしていたが、それも辞め、「現在はこれといって仕事につかない日々を送っている。庭木を刈るその姿は、一見したところ、定年後の悠々とした自適の日々のように思われた」。父親はその庭木仕事を何日もやっている。足立氏はそれが不満だった。

「いまどきの六十四、五歳といえば、さらにひと花もふた花も咲かせられる年齢である。そういう人たちの話ばかりを求めて訪ね歩いた時の私からすると、わかりやすい生き甲斐や目標もなしに日々を送っている父親の定年後に、どこか物足りなさを感じてしまったのだ」。取材してきた生き生きとした人々にくらべ、庭木いじりだけで日々を送る自分の父親が情けない姿に見えたのだろう。自分の父親にはもっと生き生きとしてもらいたい。この気持ちはわかる。わたしもそうだったからである。

わたしの父は生命保険会社を定年まで勤めあげたあと、八十歳まで保険代理店の仕事をした。辞めるとき、この歳まで働けばもういいだろう、といった。六十代にはまだ仲間たちとゴルフのコースに出ていた。それもいつの間にかなくなった。会社の友人たちとの交際もなくなり、代理店の仕事でたまに外出する以外は、ほぼ終日家にいた。テレビのゴルフ中継と巨人の試合を観るのだけが楽しみだった。時代小説も好きだった。やがて足腰があきらかに弱くなった。歩幅が小さくなった。わたしは父にウォーキングを勧めた。三浦雄一郎氏の父親の姿がテレビで紹介されると、父は「すごいな。おれには無理だな」といった。

父はもうなにもする気がなかったのだ。八十歳まで働いたのだ。父が八十九歳で死に、わたしが父よりもはるか手前の五十九歳で退職してから、はじめてそのことに気づいた。結局、わたしも定年後はなにもしなかった。ウォーキングなんかしやしない。

孫の成長だけが楽しみで、それ以外はなにもすることのなかったわたしの母にも、いろいろと勧めた。わたしも、なにかをすることは、なにもしないよりまし、と考えていたのである。母は日本人形をつくったり、花の絵を描いたりした。それなりに一生懸命やっていたようだが、しかし、心の底から好きだったようには見えなかった。心から楽しめるものを見つけることなく、母は父より先に亡くなった。

母も父もみじめだったか。父は働きに働いた。母はなにもしなかった（父になにもさせてもらえなかった）。なにもしなかったが、すべてのことをしたとわたしは思っている。これが自分を慰めるためのごまかしのいい方であることはわかっている。どうであれ、父の人生であり、母の人生だった。わたしは、考えが変わった。

「生き生き」定年バカ

月曜から土曜まで、毎日なんらかの「イベント」で埋め尽くしている人がいるだろう。月曜はパターゴルフ、火曜は源氏物語を読む講座、水曜は友人たちとのランチ、木曜はフィットネスクラブ、金曜は地域親睦会の集まり、土曜は英会話教室、というような（中味はなんでもいい）。それで自足できているなら、けっこうなことである。しかしそれが、「オレはそのへんのしょぼくれたオヤジとはちがうぞ、毎日楽しくってしょうがないよ、カッコいいオヤジだろ」とのぼせあがり、人にも「なんかしなさいよ」と一言多いようなら、鬱陶しいただの「生き生き」バカである。

若い世代の人が、「おやじバンド」などをやっているおじさんたちを見て、カッコいいなあ、おれも年を取ったら、あんなカッコいいおやじになりたい、というようなことをいう。それが世間一般の反応なのだろう。どうしても、なにかをしている人は生き生きしているように見えるのであり、なにもしていない人は半分死んでいるように見える。ギターを弾いているおじさんはカッコよく、公園に座っているおじさんはもう勝負にもならないのである。それはもうしようがない。素直に認める。だが、公園のおじさんは、カッコいいおじさんなんか目指さなくていいのである。

現在、この社会は「人生は楽しまなきゃ損だ」病が蔓延しているから、「定年後は楽しまなきゃ損だ」病に罹っている人がいて当然である。だが定年後のだれもがわかっているように、楽しいことなどそんなにあるわけがないのだ。ひとりでいる時間が怖くて、一日を「すること」で埋めても、それが楽しいことか、充実しているのかとは別のことである。だれも訊いていないのに、「いやもう、忙しくて」という会社員が、いかに自分が多くの仕事を任されたデキる人間かをアピールしたがるのとおなじで、いかに定年後の自分の生活が生き生きしているかをアピールしてもなんの意味もない。

大半の男たちはその点、正直である。「いやもうヒマでヒマでまいったよ、どうにもなんねえよ」という人が多いのではないか。そういいながら、けっこう明るいのだが。わたしはその「どうにもなんねえよ」のなかで生きていけばいいと思うほうである。もし「なんとかしねえとな」と思うのであれば、「なんとかする」方向で動けばいいのであり、それでも「なんともならない」のであれば、もうしかたないのである。しかしそれを「みじめなやつだ」と思うことはしないし、もしそれが自分であっても、そう思うことはない。

まったくの手ぶらで六十五歳くらいのおっさんが、ショッピングモールのなかをぶらついている。どこかに消えたな、と思っていると、あらぬ方向からソフトクリームを舐め舐め出現しやがった。呑気でいいなあ。わたしはそういうおじさんが好きである。毎日が楽しくってしょうがない、なんてことあるわけがないのである。ただし「小人閑居して不善をなす」ではいけない。

なにもしない自由

なにもしていないと、「家でゴロゴロしてばっかり」と、まるでダメ人間の象徴のようにいわれる。しかたのないことである。生きているように見えないのだ。しかし、なにもしなくてもいい、という在り方に一定の理解をしめしている人がいる。一九四一年生まれの老年精神医学者の竹中星郎氏である。めずらしい人である。

「巷に流れている『……するな』といった戒律や『……すべし』という説教には違和感があった。もっと自由に生きたほうがいい。健康法や生涯教育などクソ食らえだと思っていたが、精神科医がそれをいうのは憚られた。しかし多くの高齢者の生き方をみて、必ずしもまちがいではないと思えるようになった」(『高齢者の孤独と豊かさ』NHKブックス、二〇〇〇)。またこうもいっている。「一人でいることができるのは大きな能力でもある。それは孤独に直面したときに、それに耐える原動力となる」

竹中氏は「なにもしないことは悪か？」といった問いを設定している。竹中が対象としているのは高齢者で、定年退職者ではない。しかし、高齢者・定年者にかぎらず、こう自問するだけでも稀有なことである。世間では「なにもしないこと」は無条件によくないこととされているからである。考えるまでもないのだ。

竹中氏はこういっている。「老年期に恐れるべきことは、心の貧しさである。自分らしく自由にいきいきと生きることを見失ってしまい、すべてのことに興味や関心がなくなる。人との交わりがなくなり、孤立する。そのような生き方である」。なにもしない人の最終地点であろうか。わたしは、そうなったら、それでしかたがないと思う。

「なにもしない生活が精神的によいとはいえない。豊かとはいいがたい。しかし、働くことが是であり、なにもしないことは悪であるという価値観を老年期にもちこむのは検討の余地がある。このなかなか答えのでない問題に直面して家族や関係者が悩むのは、そのかたわらに居つづけることが辛いからである。彼らは、なにもしない老人に対して焦る。施設のスタッフは、自分がなにも仕事をしていないのではないかと不安になり、ゲームや歌にはしる。大勢をあつめた催しは高齢者のためではない」

これはたぶん七十五歳以上の高齢者についていわれている。しかし定年者にとっても示唆にとんでいる。「高齢になってからは自分のために生きることを柱にする。ボケないためといった将来の不安のためでも、人のためでもなく、自己本位に自由に生きることである」

〝人のため〟が自分の生き甲斐であれば、それに努めればよい。しかし往々にして、老いも若きも、〝役割をもち、なにかをしていることが生き甲斐になる〟という考えに無批判に支配されている。することがあるという理由で、娘から孫の子守りを押しつけられた高齢の女性が、子守りの精神的な疲労と怒りの内向からうつ病になったが、押しつけた娘はそのことが原因とは理解できないでいる事例があった。

このような場合に問題点が双方にみえないのは、『高齢者は、することがあり、役割があることはいいことだ』という考えに支配されているためである。

「生きがい」という言葉にも、人は支配されがちである。竹中氏は「なにもしない」ことを勧めているのではないが、「なにかをする」ことを強調するあまり、「なにもしない」ことの自由を抑圧することには反対している。わたしはべつに同志を欲していたわけではないが、こういう人がいたということに驚いた。そんな人なら、他にもいるよ、と知っている人がいるかもしれない。

竹中氏のこれが決定打である。「自分のために生きるというなかには、なにもしないでぼんやりと時間をすごすという選択肢も認められるべきである。仕事が義務であったときには、なにもしないことは無駄で罪悪であった。しかし、そのようなしがらみから解放された今、ぼんやりと時間をすごすことも自由な生き方の一つなのである」。まだ体も丈夫な定年者にはあてはまらないかもしれないが、「『なにもしないことは罪悪』という価値観」に縛られないことは重要であると思う。

第4章 健康バカ

「健康が一番」はわかっているが

昼前後に起きる。ああ、今日も頭と体が重い。足元もフラフラ。ここ最近はずっとそうだ。何もする気にならない。胃のあたりが鈍い感じがある。しばらくぐずぐずするが、それでも自転車で外に出ていく。まだ頭も体も起きない。ペダルをのんびり漕ぐ。腹は減っていないが、コンビニでミックスサンドイッチとコーヒーを買い、それで朝昼兼用の食事を済ます。体が重いから、足取りも歩幅が小さくだらだらしている。いかんなあ、と思う。

ところがそれも、二、三時間たつと、やっと頭と体が起きてくる（それくらい時間がかかる）。両方ともクリアになってくる。不思議なものだ。そうなると現金なもので、今日も元気だタバコがうまい、と調子に乗る。起き抜けの倦怠感は、寄る年波のせいだと思っている。体のどこかがどうだという自覚はない。一時期痛んだ膝もこのところまったく問題がない。体のなかのことはわからない。考えてみれば、健康のためになにかをしようと思ったことがほとんどない。

腹筋も腕立ても結局、三日坊主である（Mさん、申し訳ない。やる気持ちだけはまだ残っているのだけど）。とことん根気のつづかない性格だ。「健康が一番」とは頭でわかっている。

当然、お金以上だ。体調不良から復活するたびに、健康のありがたさが何度も身に沁みたはずである。なのに喉元過ぎればで、愚かさが止まらない。兄は糖尿病だった。弟も糖尿病なのに、わたしは明日は我が身かとも思わずに、頓着なく脂っこいものばかりを食べている。これも、なるようになる派のだらしなさかもしれないと思う。

本章は「健康バカ」としているが、健康のことを考えて、規則正しい生活をし、食事にも配慮し、ラジオ体操やジョギングなど軽い運動をしている人を、まさか「バカ」というわけではない。健康に気を遣うのはあたりまえのことだからである。バカは多くの分野に存在するが、健康の分野には少ない。むしろただのずぼらにすぎないのに、もしかしたら粋がっているとも見えかねない怠惰なわたしのほうがバカである。

心配しようとしても、心配のしようがない

定年後の不安のひとつが「健康」であることは、次のことからもわかる。内閣府が発表している平成二六年(二〇一四年)度「高齢者の日常生活に関する意識調査結果」というものがある。そのなかに「日ごろ特に心がけていること」という項目があり、そこではやはり「健康管理」が、「食事」「家事」「衣服」「住まい」「人とのつきあい」を抑えて一位(56%)で

ある。これはとくに高齢者にかぎったことではないだろうと思うが、ではかれらの現在の「健康状態」はどうかというと、これがみんな意外と元気なのだ。「良い」が41％、「普通」が38％、「良くない」が20％である。

しかし、これが「将来の日常生活への不安」（複数回答）となると、数字がぐっと上がる。「自分や配偶者の健康や病気のこと」が68％で最も高い。次いで、「自分や配偶者が寝たきりや身体が不自由になり介護が必要な状態になること」の60％である。以下、健康から遠のくが、「生活のための収入のこと」34％、「子どもや孫などの将来」29％、「頼れる人がいなくなり一人きりの暮らしになること」23％となり、なかには「社会の仕組み（法律、社会保障・金融制度）が大きく変わってしまうこと」が22％もある。

また「健康や病気に対する不安の具体的な内容」（複数回答）の一位は「体力の衰え」62％、二位「認知症」55％、三位「がん」45％である。体力の衰えはしかたない。六十や七十にもなれば、がんへの不安はより実感的であろう。なにしろ二、三十代とちがって、死がはるか先のことではない。男女とも死亡原因の一位はがんである。しかしアンケート結果にもあるように、がんよりももっと深刻な不安は認知症である。なにしろ、こっちは正気を失うらしいから、始末に困る。

ただ、この認知症不安は、「徘徊老人」とか「早期認知症」とかその他多くの悲惨な認知症情報によって、刷り込まれた不安ではないか、という気がする。マスコミによって、相対的に少数の事実が「社会問題」化され、それが多数の個人に実情以上の不安として刷り込まれてしまう、というように。

ＮＨＫの「私たちのこれから　#認知症社会～誰もが安心して暮らすために～」（二〇一七・三・二六）という番組があった。番組は冒頭で一発かます。認知症とその予備軍（軽度認知障害）は、二〇二五年には一三〇〇万人にもなります、と。なんと国民の九人に一人。六五歳以上はじつに三人に一人が認知症になる。日本の高齢化社会はそのまま「認知症社会」になると脅かすのである。

ほんとかね。試算だから、だれにもわかるわけがない。いや脅かしているのではない、「警告」ですよ、といっても、脅かす効果が生じることは否定できない。少数事実の拡大不安化である。

で、番組は一転、ではどうすればいいのかといい、「誰もが安心して暮らすため」の方策を示す。「希望」はあるという。ほんとかね。だれにもわからない試算と、あるかないか不明の希望。画面の左下隅に視聴者の「気になる」カウントが表示されている。五〇分の番組終了時にはあっという間に約五八万カウントに達した。そりゃあ、こんな番組を見せられればだれでも気にはなるだろう。見事、刷り込みに成功したのである。

わたしは、もうどうなってもええっす（世話をしてくれる人、ごめんなさい）。こんな番組もどうでもええっす。いったい、だからなんだというのか。予測の事態に対して予測の対策という、予測の二乗をしてなんの意味があるのか。

ところが、おなじNHKの「きょうの健康『防げ！　認知症　最新事情』」という番組を観ていたら（二〇一七・七・二九）、認知症の患者数は「二〇二五年には七〇〇万人になると予測されている」とのこと。「#認知症社会」の半分である。どうなっているのか。四ヵ月たったら「一三〇〇万人」を忘れたのか。いやその数字には「予備軍」も入っていましたからというのか。元々、どこのバカがどんな計算方法で「〇〇百万人」という数字を計出しているのか。教えてくれなくていいけど。

認知症予防のための食品や、脳トレや訓練の方法などが、しかるべき本やネットに紹介されているが、いかにもインチキくさい。わたしはもちろんなにもしていない。予防できると思っていないからである。テレビで、一日二、三個の卵を食べると認知症予防になるといってたが（ついこのあいだまで、一日一個以上はだめ、といってたくせに）、こういう俗説の真偽がわからない。医者だってほんとうはわからないだろう。気休めなら気休めでかまわないのだが。がんや認知症になるかならないか、これぱかりは考えたところでどうにもならない。心配しようとしても、心配のしようがない。

健康マニアの定番メニュー

なにが原因で健康不安を抱くようになったかは別として、人は元気で長生きしたいといろいろなことをしている。軽い運動は必須。健康のための散歩、ラジオ体操、早朝ウォーキング、ジョギング、ランニング、ストレッチ、テニス、ゲートボールなどなど。不安の刷り込まれ方がまだ健全である。体にいいことをやっているという安心感もあるだろう。健康に「気」は無視できない。

ただ、こういうことはある。時々、おじさん以上、おじいさん未満の微妙な年配の準おじいさんみたいな人が、ランニングをしているのを見かける。がんばってるなあ、と感心はするのだが、ウェアが本格的で、パンツが脚の付け根あたりまで切れ上がった短いのを履いていて、目のやり場に困る。白髪頭にしわっぽい体だけでも厳しいのに、準おじいさんの生っ白い脚など痛々しいだけ。そんな目のやり場のなさは全然うれしくないのだ。あまりイキりすぎないように、とお願いしたい。

健康サプリメントやアンチエイジングとなると、不安の刷り込まれ度が深い、と思わざるをえない。こうなると一種の信仰である。わたしは、運動をするなら、腕立て、腹筋、スクワット、ストレッチなど金のかからない方法で十分だと考えるが、フィットネスクラブやヨガ教室など、月謝を払って行ったり、サプリメントなどお金を払って買ったものでないとやった気にならない、という人が多いような気がする。語学会話も独学ではなく、お金を払って教室に行かないとやった気分になれないのとおなじである。

老人ホームの附属診療所所長の中村仁一医師がこういっている。「年をとれば減少するといわれるコンドロイチン、ヒアルロン酸、グルコサミン、コラーゲン」などは「摂取しても、体内に吸収する段階で分解されてしまい、あの形のまま、目的の場所に到達しないと考えられてますので、とうてい、効果があるとは思えません」（『大往生したけりゃ医療とかかわるな——「自然死」のすすめ』幻冬舎新書、二〇一二）。

しかし、いったん広まった信仰は容易にはなくならない。いまだに血液型を信じている人はいるのである。ひとつやふたつの病院で診察を受けても診察結果に満足できず、もっといい診療があるのではないかと、次々とよりよき医療を求めていく患者がいると聞く（ドクターショッピングというらしい）。自分のまったき健康のために、まったき医療（完璧最善の医療）を求めるのか、その心理がわからないが、これも信仰であろう。

テレビのＣＭなどで、やたら除菌ということがいわれるようになった。これは製薬・美容健康業界、家電業界が無理につくり出した現象で、こんなに菌がいる、こんなに家ダニがいる、こんなに空気が汚れていると、ほとんど脅迫している。清潔思想が広がり、電車の吊り革やエスカレーターのベルトに手を触れることができない人や、つねにマスクを着用している人や、暑くても陽に当たらないように完全防備をしている人たちがいる。

地元の図書館で「本の消毒器」が設置されたのを見たときは驚いた。本の除菌をするのである。図書館利用者からの要望だったのか、図書館員の自発的意志だったのかはわからないが、そこまで清潔を望む人間がいるのか、と思った。たぶん、幼児のいる若い母親が使うのだろうなと思っていたら、偶然、中年夫婦が使っているのを見た。いやあなたたちには不要だろうと思ったが、それはもうしかたがない。頭に除菌と刷り込まれてしまえば、歳に関係がないのだ。外からなにをいっても無駄である。

健康診断は受けない

わたしは現在のわたしが、客観的に健康なのか不健康なのかを知らない。健康診断や他の検診を受けていないからである。しかし、ほとんど気にしていない。たまに「!?」と体内にわずかな異変を感じることがないわけではないが、思うだけで、解明しようとはしない。それがいつの間にか治まると、喉元過ぎればなんとやらで、「よしよし過ぎ去ったな」となる。

医者からは自殺行為だぞ、といわれるかもしれない。

奥村彰太郎氏は、「QOLの観点」から「生活の質を高めるための健康診断」を勧め、「アンチエイジング・ドッグ」も「のちのちの不安を消す意味でも、余裕があれば受診しておいて損はありません」(前出『定年後のお金の不安を解決する本』)といい、元東レの取締役で、東レ経営研究所所長だった佐々木常夫氏もまた、「人間ドックとか自治体の健康診断のような病気のチェックシステムについては、その受診を習慣化してしまうことです。健康のための検査診断は定期的にやらないとあまり意味がありません」といっている(『定年するあなたへ』サンマーク出版、二〇一六)。

お断りである。わたしは最初、ただのずぼらで会社の健診をすっぽかしたのだが、それが習慣化して、それ以来、たぶん二十年ほど健診を受けていない。健診前日の午後九時以降はなにも飲み食いするな、当日は朝八時半までに診療所に集合も、めんどうくさかったが、バリウム検査には苦しめられた。健診をやめたら楽になった。近藤誠氏の『健康診断を受けてはいけない』(文春新書、二〇一七)を読んで、我が意を得た。「受けなくてもいいよ」ではなく、「受けてはいけない」なのである。

その本を読んでまず驚くのは、「欧米諸国には職場の健康診断の制度も、人間ドックも存在しない」ということだ。それは健診じたいの有効性(有用性)を示す「データ」が得られなかったからだが、日本では健康増進法や労働安全衛生法によって、受診が義務化されている。なぜかというと「健診が厚労省の権益の源泉となって」いるからである。健診だけではなく、厚労省は各自治体にも「がん検診を実施するよう仕向けている」。

つまりこういうことだ。厚労省にとっては自分たちが「管轄する業界（縄張り）の繁栄が一大関心事」であり、そのために「職場健診やがん検診を推進すれば、受診者が増え、自然と病人が増加し、医療費増大と業界繁栄につながるわけです」。業界とは「病院や人間ドックなどの医療機関、製薬会社、医療機器メーカーなど」のことである。

健診・検診そのものにも問題がないわけではないが、そこに医者が関わってくる「医療介入」が行われると、検査をしなければわからなかった「検査病」が見つかる。その結果、今朝までピンピンしていたわれわれはいきなり病人予備軍にされ、再検査、薬処方、精密検査、はては即入院、手術ということになってしまう。昔ならただの老化現象にすぎなかったものが、今や「生活習慣病」として、高血圧、高コレステロール血症、認知症、骨粗しょう症などの「病気」にされてしまった。

なんだか嫌な感じである。たしかにわれわれは元気なのに健診を受けさせられる。頼んだわけでもないのに、役所から「がん検診」の通知がくる。われわれもそれを不思議とはまったく思わない。こっちの健康を心配してくれてるのだな、と思ったり（お人好しにもほどがあるのか）、まあめんどうだけど、年に一回受けておけば一応安心だしね、と年中行事のひとつくらいの感覚で受けている。ところがそれが、もし近藤氏の説が正しいのなら（わたしはかなり正しいと思っているが）、厚労省と業界が結託して、「病人」をつくり出して、国民から金を巻き上げようとしているということになる。

我が国に世界に冠たる「国民健康保険制度」があることを考えると、そこまで厚労省が悪辣とは思えないのだが、たしかに健康診断に問題はありそうである。しかしこの問題が国民的議論になることはないだろう。政治に気を遣うＮＨＫは、「認知症」や「孤独死」のスペシャル番組は作れても、「健康診断の是非を問う」という番組は作れず、大口顧客の製薬会社を抱えている民放テレビ局もこれに触れることができないからである。国民はこれからもなんの疑問ももつことなく、健康診断やがん検診を受け続けることになるだろう。

特養老人ホームの医師石飛幸三氏はこういっている。「日本人ほど病気探しの好きな国民はいないと思います」「日本人がいかに医療依存体質になっているか、それがよく表れているのが、検査や検診です。／日本の病院では、何かというと『では検査をしましょう』と言います」。もちろん必要な検査はあるが、「無駄」な検査も「相当あります」。「実際には高い費用がかかっている」のに、「個人負担が少ないため、自分が国家の医療費を無駄遣いしているという自覚が国民一人ひとりにありません」。なかには「趣味は検診」という老人もいる（『「平穏死」を受け入れるレッスン――自分はしてほしくないのに、なぜ親に延命治療をするのですか？』誠文堂新光社、二〇一六）。

近藤誠氏は、「元気で体調がよく、ご飯が美味しくて、日常生活行動に不自由がないとき」は「検査を受けないこと、医者に近づかないこと」といっている。正しいとは思うが、わたしは近藤氏の主張とは無関係に、いままでどおり、健康診断は受けない。べつに「国家の医療費」削減のためではない。ただ、嫌いでめんどうくさいだけである。佐々木常夫氏は「定年後はとりわけ、信頼できるかかりつけの病院や医者を見つけて」おきなさい、と軽くいっている。これもよくいわれることである。そう都合よく見つかるわけがない。

不安に怯える人

検診を受けた結果、大丈夫、といわれても絶対に安心できない人がいる。まさかこんな人がいるとは思わなかった。『毎日新聞』の人生相談に投稿されたものである（二〇一七・七・二五）。「私もがんではないかと不安」という見出しである。

3月末にしゅうとめが死去し、がん検診を欠かさない友人は乳がんで全摘。小林麻央さんの訃報で沈んでいたら、子供の恩師が59歳でがんで亡くなったと連絡がありました。妹の友人もがんで闘病中です。気持ちが沈んで家事も手につきません。検診は欠かさず受けていますが、私もがんではと心配です。将来に備えた貯金や断捨離にもむなしさを覚えます。この気持ちをどうしたらいいでしょうか。（52歳・女性）

このような妄想的な「心配」に囚われて、見えない不安に怯えている人はどれくらいいるのか。めったにいないのではないか。かなり特異である。気持ちが沈んで家事も手につかない。将来に備えた貯金や断捨離もむなしい。元気でぴんぴんしているのに、すでに重篤ながん患者のような状態である。わたしはある意味、腹が立ってくる。五十二歳にもなって、なにを血迷っているのか。しかし、五十二にもなって、というのは現在ではなんの意味もない。七十や八十になっても、子どもとおなじである。男も女もない。

回答者の渡辺えり氏（劇作家・女優）はこのように答えている。「あなたの気持ちはとてもよく分かります」（わかるんかい）。「でも、検診をきちんと受けているのですから大丈夫。神経質にならないでください。あなたが不安な顔をしていると周りのあなたを愛する人たちが本当につらく悲しい気持ちになりますよ」

だけど、がん検診を欠かさなかった彼女の友人が「乳がんで全摘」というのだから、「(あなたは）検診をきちんと受けているのですから大丈夫」というのは説得力がなさすぎないか（もっとも、こんな人にはなにをいっても説得できるとは思えないが）。あなたちゃんとわたしの文章を読んだの？　と「気持ちが沈んだ」相談者から、怒られそうである。「神経質にならないで」というのも、好きでなってるわけじゃないのよ、とこれまた怒られて、相談者は元気になりそうである。

このあと渡辺えり氏は自分の親友ががんで亡くなった経緯を語り、最後にこう結んでいる。「毎日親友を思い出しています。一緒に生きているような気さえします。あなたは、明るく笑顔で暮らしてください。周りも笑顔に包まれますよ。私は病気の時も明るかった親友に救われています」。『秘密のケンミンＳＨＯＷ』や『プレバト』などで観ると、渡辺さんはきまじめな人だろうと思う。だが、なんだか相談者をすでにがん患者と見做しているような書き方になっている。まあたしかに答えようがない。

なにが「この気持ちをどうしたらいいでしょうか」だろうか。こんな人に「大概にしろよ。ほんとうのがん患者に失礼じゃないか。勝手にしろ」といってはいけないのか。もちろん、公には絶対にいけないことになっている。もうどんなことをしていても、人に迷惑をかけなければそれはあなたの自由、それはあなたの個性と認めなければならないことになっている。だが、この女性は周囲に重苦しい気分をまき散らして、うんざりさせているのではないか。

心療内科に行き、相談をしなさい、というほかはない。

この人は自分の周囲で、がんで死んだ人が二人、闘病中の人が二人、それでも足りずになんの関係もない小林麻央さんまで引きずりこんで数に入れ、それで自分もがんになるのではないかと怯えているらしいが、がんは伝染病じゃない。彼女はほんとのがんになって、医者から「あなたはがんです」と宣告されたほうがいいのじゃないか（もちろん、無茶な話だが）、とさえ思う。そのほうが、がんかもしれないという「心配」から解放されて、かえって元気になるのではないか。もう冗談じゃないのである。

「長生き」なんかどうでもいい

二〇一七年七月、最新の平均寿命が発表された（ネット「時事ＣＯＭ」七・二四）。日本は男女とも過去最高で、男は80・98歳、女は87・14歳で、ともに世界二位。一位は男女とも香港である。それによると、二〇六五年には、男は84・95歳、女は91・35歳になると予想されている。個人がこんなことを知っても、なんにもならないのだが。

二十年前、日本がスウェーデンを抜いて長寿世界一になったとき、マスコミは「長寿大国ニッポン」と自画自賛した。もちろん近代医療によって乳幼児の死亡率が減ったり、それまでの死の病いが克服されたりして、個々人の寿命が伸びたことは無条件に寿ぐべきことである。しかし「長寿大国ニッポン」の「大国」という表現には、外国人、とくに欧米人から認められることを欲している後進国日本が、世界で一番長生きの国になったんだと大喜びをしている情けなさが入っていたように思われる。

しかも、その長寿（平均寿命）には、寝たきりの人も入院している人も全員が入っていて、諸手を挙げて喜ぶべきことでもないとわかり、しかも「長寿大国ニッポン」は「老人大国ニッポン」にもなったわけで、この老人たちがとんだ金食い虫になったのである。国も国家予算のなかで高齢医療費が膨大な額になるということがわかって慌てた。

しかも当のじいさんばあさんたちは金を使わない。もう欲しいものがないのだ。いやお金だけはまだ欲しいらしく、怪しげな投資話や振り込め詐欺にかかっては何千万円もなくしてしまうものも出てくる。あとの小金持ちたちは子や孫のためにしか使わない。で、いまさら、大切なのは平均寿命ではない、自由に動ける体力を維持して日常生活を送ることができる健康寿命だ、などといいはじめた。

長生きなんかどうでもいい、とわたしは思っているが、だからといって、いつ死んでもいい、と思っているわけではない。こんなことがいえるのも、わたしはまだしばらくは死なないだろうと高を括っているからである。体力や筋力の衰えはしかたがない。しかし大病になる予感はいまのところない。いささかの不調の自覚はないでもないが、健診を受けていないから、体の内部がどうなっているかはまったくわからない。

まだ不自由なく歩くことができる、自転車にも乗れる、介護保険は払っているが、希望的観測として、自分がそれを使うことはないだろうと思っている。物忘れは頻繁だが、認知症にもならないだろうと思っている。つまり生きている限り、なんとか現状のままいけるのではないか、と楽観視しているのである。こんな楽観にはなんの根拠もない。しかしこのほうが、サプリメントを摂取したりフィットネスクラブなどに行くよりは、一文もお金はかからないし、楽である。

作家で医師の久坂部羊氏は「実際の長生きは苦しい」といっている（同題記事『新潮45』二〇一七年六月号）。「できるだけ長生きしたいと思っている人は、たいてい元気なまま長生きできると思っている」。恥ずかしながら、わたしである。しかし「高齢者医療の経験が長い私には、それが夢想であることは明らかだ。実際の長生きは苦しい。身体が弱り、機能が衰え、生き物としてどんどんダメになっていくのを、日々実感するのが長生きなのだから」。「むろん、元気で長生きな人もいる」が、それは「宝くじを買えば一億円当たる人がいるのと同じ」。

これに関しては多くの異論が存在する。一例として、元は群馬大学の外科医で、現在は緩和ケア診療所を開いている萬田緑平医師はこういっている。「僕が思う理想の死に方は、ピンピンコロリではなく、『ゆっくりコロリ』『じんわりコロリ』です」。萬田医師は、こうづけている。「(それは)決して難しいことではありません。身体に任せればいいだけです。余分な治療、余分な食事、余分な点滴……。そういったものをやめるだけで、多くの人が苦痛から解放され、ぎりぎりまで『ゆっくり』『じんわり』生き抜くことができます」。ただしこういうことも付記している。「すべての看取りにはそれぞれのドラマがあり、一つとして同じものはありません」(『穏やかな死に医療はいらない』朝日新書、二〇一三)

つまり、長生きしようがしまいが、おなじ死はないということだ。それでいい。わたしたちはどんな最後を迎えるかを選ぶことはできない。どんな医療を受け、どんな死に方を望むのか、を選ぶことができるだけである。ところで、久坂部羊氏は近藤誠氏とおなじことをいっている。「甘い言葉で誘惑し、ときには不安を煽り立て、偽りの希望と安心を蔓延させて、無用な検査や健診を受けさせ、健康な人間を病人に仕立て上げ、効果も定かでない薬や健康食品を売りまくる。すべては長生き欲につけ込んだ悪辣な商法だ」

健康寿命もまたただの数字

平均寿命には寝たきりの人や認知症の人でも、長寿であれば数に入っているから、手放しで喜ぶべき数字ではないということがわかり、自分で自分の面倒がみれる元気な長寿でなければ意味がないということで、「健康寿命」が注目を浴びている。さっそく、通販業者たちは、「健康寿命」を強調し、健康サプリメントや室内ランニングマシンを売り込もうと必死である。

わたしは元々世界一の長寿国のなにがうれしいんだ、と思っていたから、平均寿命などに興味はなかった。劣悪な生育環境で乳幼児の死亡が高く、最新医療も広く普及していないがゆえに、あるいは戦争で若者が死に、空爆で民衆が大量に死ぬがゆえに、その国の平均寿命が極端に低い、というのでもないところで、二、三歳の平均寿命の差を争って、どんな意味があるのだ、と思っていたのである。

そんなところに健康寿命である。そういうことだったのか、と思い、いくら平均寿命が上がっても、健康寿命でなければ意味がないと納得できたのである。ところが、ここにもへんな計算がでてきた。男の健康寿命は平均寿命から九歳マイナス、女に一二歳マイナスになるとされたのである。ということは男の平均寿命は八十歳だから健康寿命は七十一歳、女は八十六歳だから七十四歳ということになる。あまりにも早すぎないか。世間を見渡せば、男女とも八十歳をすぎても元気な人はうじゃうじゃいる。しかし、その健康寿命の計算によると、わたしは、来年が自分で日常生活を送ることができる最後の年となる。

実際はこうだ、といっている人がいる。「本当の健康寿命は、男性82歳、女性は85歳」(ITmedia ビジネスオンライン。二〇一六・六・六)を書いた川口雅裕という人である(老いの工学研究所研究員)。川口氏はこういっている。「健康寿命が男性71歳、女性74歳と聞いて違和感を覚える人もいるのではないだろうか」「実際、仕事場・スーパー・夜の居酒屋・休日のハイキングなどで元気な高齢者は、日常的に目にすることができる。男女とも70歳代前半で『健康寿命が尽きる』というのは、あまりに実感に合わない」。まったくそのとおりである。

健康寿命の考え方や統計の取り方はめんどうだからここでは省くが(川口氏はきちんと説明している)、かれによると正しい数字はこうである。「要するに、一般に認識されている意味の『健康寿命』は、2010年時点で男性が82・2歳、女性が85・5歳なのである」(詳しくは http://www.itmedia.co.jp/business/articles/1606/06/news057.html 参照)。

わたしは十分に納得する。しかし、これもまたただの数字である。知ったところで、意味はない。結局、自分が元気なままでどこまでいけるかだけである。平均寿命も健康寿命も、個人が生きていく目安にしてはならないと思う。平均までは生きたいと思うのは人情であるが、意味のあることではない。平均を超えたから得をした、達しなかったら損、と考える人がいるなら、それはさもしい考えである。

ただ元気で生きてくれさえすれば

地元のショッピングモールで、息子さんの両手を引いて、一五〇メートルほどの長い通路を往復しているお父さんがいる。最初に見かけたのはもう何年も前になる。息子さんは十代後半だと思うのだが、スティーヴィー・ワンダーのような黒メガネをかけた顔を天井に向け、小さな歩幅で傾きながら歩いていく。お父さんはわたしと同年配くらいだろうか。平日の午後、週に何度も見かけるから退職はしていると思われる。お母さんは車いすを押して、ふたりのあとをついていくか、テーブルがある席で待っているかしている。

こんなことを勝手に書いて、そのご家族に申し訳ない気がする。しばらくそのモールには行っていなかったのだが、先日また見かけて、まだやっていたのか、と驚いたのだ。もう何年間もつづけているにちがいない。かれの歩調は以前よりすこし速くなっているようで、多少は改善したのか、よかったな、と思った。かれの状態がもっとよくなるといいと思うが、気になるのはご両親のほうである。息子さんの疾患がどういうもので、家族がどういう状態なのか、むろんなにもわからない。

もしかしたら、一般家庭よりよほど明るい家庭なのかもしれない。お父さんは交友が広く、酒を飲むのが楽しみで、お母さんはなにか熱中できる趣味をもっているのかもしれない。それでも自分たちがいなくなったら、この子はどうなる？　という心配は消えないだろう。お金や健康は自分のためというより、子のために絶対に必要なのだ。状況はそれぞれ違っても、「充実」だの「生きがい」だのという贅沢とは無縁な、このような心配を抱えた家族は少なくないのではないか。

生きがいというのなら、両親にとって子どもの回復が生きがいなのだろう。生きてくれさえしたら、元気になってくれさえしたら、ふつうに生きていくことができさえしたら、という最低限の願いは、最大限の願いでもあるのではないか。わたしは贅沢なことはいうまい、と思う。

第5章

社交バカ

湖畔の公園でひとり

いやあ、今年の夏も暑かったですねえ。七、八年前は、市民球場のある公園で、陽を浴びてすごし、一夏で真っ黒になったものである（またおまえの公園話か、聞き飽きたよ、という人もいようかと思うが、今回は新しい公園である。おなじか）。今年、湖面を臨む公園を見つけた。とはいえベンチが四つ並んでいるだけの小さな公園なのだが、眼前には鮮やかな緑の木々と草が広がり、その先に広く穏やかな湖面が見える。空間が開けていて眺望がいいのだ。ベンチの上には屋根がある。それがここに通うようになった理由のひとつである。もう夏の直射日光に耐える気力も体力もない。

そこに行くのはたいてい午後の一時過ぎ。最近の昼食（朝食兼用）は焼きそばパンに缶コーヒー一個だけ。それをコンビニで買っていく。前は町中の店でB級グルメを食べていたが、それだと食べた後、腹一杯になり不快になることがしばしばだった。そこで落ち着いたのが焼きそばパンである（品切れのときはミックスサンド。冬には肉まん一個ということもある）。コロッケパンは重すぎる。おにぎり二個も重い。

その公園でひとりのときは気分がいい。ときどき、近所のおじいさん三人が話しあっているときがある。なかなか人気のある公園らしいのだ。草木の手入れを管理している園芸店の人なのか、おじさんが携帯で「あんた今日何時まで？　え、残業すんの？　やめたほうがいいよ」などと仲間と話していたりする。両端のベンチが埋まっているときや、高校生のカップルがいたりすると、わたしはさっさと立ち去る。落ち着かないからだ。

背もたれによりかかってパンを食べ終わると、タバコを喫って一服する。こんな時間が一番好きだ。前方の景色を眺める。風が吹いてくる。いろんなことを考える。なんの脈絡もない。連想で懐かしい人々を想い出したりする。このような気持ちで――。「兄の童威を戦で失った童猛に、盟友の項充がいう。『そうやって思い出してくれる弟がいて、おまえの兄貴は幸せだ』『違うな、項充。思い出してしまう人間を持った、俺たちが幸せなんだ』」（北方謙三『楊令伝（二）』集英社文庫）。

長居はしない。一時間ほどで公園を離れる。「ひとり」ということがわたしには重要である。わたしはとくに人間嫌いではないし、人見知りでもないと思うが、ひとりでいることがまったく苦にならない。ときには、むしろ好ましいとさえ思っている。竹中星郎氏は「ひとりでいることができることは才能である」といっていた。そうではない。性格であり、経験である。むしろ、だれとでも仲良くできる人こそが才能だと思う（性格でもあるだろう）。そんな人いるのか？　と思うが、いるのだ。わたしが中学生のころは、そんなにぎやかな連中が羨ましかったが、さすがにいまはそんなことはない。

人見知りではないが、「社交家」かといえば、まったくそうではない。なにしろ、「ひとり」好きなのだから。定年後の問題のひとつは「孤独」だという人がいる。「孤独地獄」と、脅かす人もいる。だからそうならないようにするためには、仕事をつづけることが一番といわれる。その他、地域社会に溶け込んで、交際の範囲を広げなさいと忠告する人も多い。あるいは家族（とくに妻）との関係を見直し、信頼を築きなおしなさい。と。ボランティア活動をするのもいいよ。生きがいも得られて一石二鳥だ。趣味仲間も増やしましょう。旧交を温めるもよし。とにかく「人」のなかに入っていきなさい。

そんなことをする必要はない、とは、わたしはいわない。したほうがいいよ、ともいわないし、いえない。ただ、わたし自身はごめんである。わたしはほんとうの「孤独」を知っているとはいえないが、そこその「孤独」ぐらいなら耐えられる。全然、苦ではない。というより、好きである。それゆえ「孤独」にならないように、右のようなことをする必要がないのである。「孤独」にならないために、と人に勧められるのも気に入らない。なにかをするなら、自発的な意志ですべきだと考えているからである。

わたしは間違っているかもしれない。「地域の親睦会に入ったんだが、新しい人たちと知り合えてよかったよ、分科会の役割も与えられて毎日の生活にもハリが出たよ」という人がいるだろう。そしてそういう人のほうが、結果的に、人々に囲まれた充実した老後を送り、それに比べてわたしは、これがほんとうの「孤独」だったのかと、後悔することになるかもしれない（まあ、ならないと思うが）。もしそうなったら、それはしかたがない。自分で選んだことである。

「孤独」が怖くて生きてられるか、と思う。こんな大口を叩いて、ほんとうの「孤独」が骨身に堪えるようになったとしても、だからといって、やっぱり人との交流をしておくべきだった、とは思わないだろう。むしろそうなったらなったで、これもオレの人生だ、これでいくしかないな、ガンバロ、と思うにちがいない。いうまでもないことだが、わたしは自然発生的な交流まで拒絶しているわけではない。ただ嘘偽りのない気持ちとしては、自ら進んで新規な交流をつくることを望んではいない。

「ひとり」がそんなに寂しいか

人とのつながりを増やしなさい、友人は多いほどよい、という観念に支配されすぎると、こんなバカなことをいいだす人がいる。だれかというと、本田健氏である。これまでいくらかの定年本を読んできたが、本田氏の『60代にしておきたい17のこと』（大和書房、二〇一三）ほど中身のないスカスカの本ははじめてである。よくこんな本出したね。本に値段がついていてもっと驚いた。この本田健という人は相当ヘンな人で、わたしは以前、かれが書いたビジネス書のいかさまぶりを『ビジネス書大バカ事典』（三五館）で採り上げたことがある。この『60代…』にしても、かれのヘンぶりは健在である。

本田氏は「60代にしておきたい17のこと」のひとつに、昔の「友人たちを探して、もう一度出会い直すこと」を挙げている。ただのしょうもない思いつきである。あ、こういうことも入れておくか、今の時代にもあってるしな、と、頭のなかのロウソクにポッと火が灯ったのだろう。「どう探していいかわからない」という人には、いまはフェイスブックに「出身校」を入れて「同窓生を見つけやすくなって」いるから心配ご無用という。

「もしそういう気分になってきたら、いまから時間をとって、小学校時代から親しかった人たちの名前をリストアップしてみましょう」（なんだ、「そういう気分になってきたら」って。ちょっとしたい気分、か）。そして「どのひとにいちばん会いたいか考えてみましょう。どの友人と過ごしたときが楽しかったか、当時の自分の人生も思い出してみてください」（このこと自体は悪くない。ここで止めておけばいいのに）。

なぜいまさら音信不通だった友人をわざわざ探すのか、それは「昔の同世代の友人は、あなたの過去をよく知っているからです」（過去しか知らない。その記憶もほぼ消滅しかかっている)「昔の友人は、同じ時代を生き抜いた戦友のような気持ちになるようです」(ただの都合のいい当て推量)「昔話をしていくうちに、楽しかったことをきっと思い出します。／その情報は、あなたがこれからの人生を生きていくうえで、とても大切です」(いったいなにをいっているのか?)「そんな友人たちと出会い直すことで、自分でも忘れているような小さな、それでいて大切な思い出がよみがえったりするものです」(勝手に「大切な思い出」ときめてしまっている)。

こんなくだらんことをするのはおやめなさい、とはいえない。旧交が温まるということが絶対にないとはいえないからである。しかし実際問題、こんな本田の文章を読んで、あ、そうか、それは気づかなかったなあ、いいこと聞いたな、やってみるか、と、これまた頭のロウソクに火が灯って、実際に実行にうつす人はいるのだろうか。何十年も音信不通だったのだ。ほぼ他人も同然になってしまった昔の亡霊がなんでいまごろ連絡してきやがった?　この野郎は金を借りようとしてるのじゃないか、と警戒されるのが関の山ではなかろうか。すくなくともわたしは、そんな旧交の復活はごめんである(大学一年のとき、中学で仲の良かった同級生と再会し、気まずいままで終わったという苦い経験がわたしにはある)。

しかし本田氏の思考の幼稚さはこんなものではない。信じられないことをいっている。「たとえお金がなくなったとしても、助けてくれる人がまわりにいれば、何の心配もいりません」。本田氏は講演会で、お金を貸してくれる「友だちが52人いれば、1年間お金がなくても過ごせるという話をします」と臆面もなく書いている。だから、いざとなったら「助けてもらえる、と考えられれば、『お金の呪縛』から逃れることができます」。

ね。すごいでしょ。こんな与太話を「60代」の人間に読ませようというのだ。かれは、一人につき一週間分の金を借りれば、それで五二週間（ほぼ一年）暮らせるといいたいのである。アホである。さぞかし聴衆も唖然としたことだろう。よく堂々とこんなでたらめを書いたもんだね。むちゃくちゃである。

ちょっと極端な人を例にあげて申し訳ない。本書のテーマ上、「バカ」におあつらえ向きの人がいたので、引用しないわけにはいかなったのである。それにこんな人がいてくれて、わたしもちょっとうれしかったのだ。しかし本人はまったく懲りていない。つねに上機嫌で、いいたい放題である。

「これからの人生を楽しく生き抜く秘訣は、『迷ったら、とにかくやってみる』ことです。それが失敗に終わっても、面白い思い出が増えるだけです」（悲惨でも「面白い思い出」？）

「何かあったときに、『それよさそう』『面白そう』『やってみたいな』というふうに思うと、あなたの心はどんどん若返ります」（これは半分認めてもいいが、モノによる）、「あなたは残りの人生を誰と過ごすのか――これを見極めてください」（余計なことだ）、「仕事に楽しみを見つけられる人は、仕事を辞めても、自分の楽しいことがわかっているために、落ち込むことがありません」(どういうこと?)。

ボランティアは「すべき」といって、自分はしない人

定年後、ボランティアをやりたいという人はかなりいるようである(団塊の世代に多いらしい)。なんらかのかたちで社会貢献をしたいというのだろう。実際にやっている人も多数いることだろう。識者のなかにも、ボランティアを勧める人が少なくない。精神科医の保坂隆氏もそのひとりである。やたらと「老後」に関する著作の多い人で、わたしよりもよほど年上なのかと思っていたら、四、五歳年下でびっくりした。

保坂氏はこういっている。「四人に一人が高齢者という社会になった日本です。今後はもっとボランティア活動を盛んにして、まだまだ元気な高齢者が、助けを必要とする人や場所に積極的に力を提供する――。高齢者による新たな『ボランティア社会づくり』を目指すべきではないか?　私はそう真剣に考えています」(『精神科医が教える定年から元気になる「老後の暮らし方」』ＰＨＰ文庫、二〇一四)。まるで政治家みたいな口調であるが、むろん悪いことではない。ごもっともといいたいところだが、わたしはボランティアをするつもり

がないから、口先だけでそうもいえない。

保坂氏は悪い人間ではないのだろう。つまり、心にも思っていないことを、立派な言葉だけで飾るような人ではなかろう。というか、周囲では評判のいい精神科医なのかもしれない。かれの本のファンも多そうである。

しかし保坂氏は「そう真剣に考えて」いるだけではなく、自分も実際になんらかのボランティア活動をやっているのか。あるいは、いずれはやるつもりなのか。〝わたしはまだ現役の聖路加国際病院の医師であり、聖路加国際大学の教授ですから（現在六十五歳？）、そんなことはやりませんが〟というのなら、あまり威勢のいいことはいわないほうがいい（もしやっているのなら、伏してお詫び申し上げる）。

当然、ボランティをするには責任がともなう。しかし「社会の目が十分に行き届かず、担い手も少ないところで、その責任を果たすからこそ、大きな意義が生まれ、自分の充実感にもつながるのです」。だから「『定年後のシニア男性よ、もっとボランティア活動にも目を開け！』と声を大にして言いたいところです」。

どうもうれしくないな。保坂氏が「声を大にして」いおうというまいと、ボランティアをやっている人は自発的に静かにやっているのだし、わたしみたいにやらない人間はやらないのである。わたしは自分がしないのに、みなさんやりましょうとはいわない。

二〇二〇年のオリンピックが東京に決まったとき、保坂氏の頭には「これは日本の高齢者の生き方を世界に示すチャンスではないか？」という考えが浮かんだという。またぬずらしい考えが浮かんだものだ。オリンピックに市民ボランティアが必要不可欠なのはわかるが、保坂氏はやけに前のめりである。「東京では、オリンピックボランティアの中心的な存在をシニアが担うのです。それができたら、オリンピックの歴史に『新たな一ページ』が加わることになるはず。その一ページを定年を迎えたシニアが開く……。想像しただけでも、ワクワクしてきませんか？」

悪いが、全然してこん。なにが歴史の「新たな一ページ」だろうか。先ほどの「保坂氏は悪い人間ではないのだろう」という言葉は撤回したほうがいいのか。「活力あふれる『少子高齢社会』の具体的モデルを世界に提示することは、次の時代の人類の生き方を示すことにもつながるはずです」。ついに「人類」が出てきたよ。なんだか、やけに調子がいいのである。調子だけいいのだ。なんでこんなくだらん考えをすぐ頭から消し去らなかったのか。本気だとは到底思えない。

しかし保坂先生はもう絶好調である。オリンピックには西欧語圏やアジア語圏からだけ、観光客がくるのではない。「スワヒリ語やアラビア語などの勉強を始めるのも一つの考え方でしょう。アフリカや中東からの観光客を、自分の家のホームステイ客として迎えるボランティアも有意義で楽しそうではありませんか」。ぜひ保坂氏にもスワヒリ語を勉強してもらい、ケニアからの観光客を自宅に迎えてもらいたいと思う。そして、楽しかったかどうか、報告をしてもらいたい。

保坂氏は「ひとり」を貶しすぎである。逆に社会貢献や共生を強調しすぎである（そのくせ『「ひとり老後」の楽しみ方』なんて本も書いている）。「ひとり」の人間に対して、ちょっと嫌味なこともいっている。「オフに一人になるとホッとでき、本当に気持ちが楽だった。だから定年後は、もう人間関係で煩わされるなんてうっとうしい。積極的に人と交わる必要なんか感じない。ましてや、これまで全然知らなかった地域の人なんかと、人間関係を新しくつくっていこうなんて思わない」。うん。それはわたしのことだ。わかっているじゃないか。

ところがこの後にバックドロップがくる。「そう自分でつぶやき、家にずっとこもっていたり、出かける先といえば図書館程度という毎日を繰り返していると、定年から三年経ち、五年経ったとき、間違いなく、心にスキマ風が吹き込むか、あるいは心にどんよりと澱が溜まっているのを感じるようになるでしょう」。精神科医の保坂氏には、「その人の行き着く先は、孤独地獄かもしれない」と映る（そう。「孤独地獄」といったのはかれである）。

かれはそういう「孤独地獄」の高齢者を何人も見てきたのだろうか。〝先生、もう寂しくてどうしようもないんだよ。毎日だれとも一言もしゃべらないんだよ。会話がないと、一日に脳細胞が何百万個も死ぬんだろ。どうしたらいいのかね〟。そんなとき保坂氏はこう助言するらしい。「まず家を出て、できるだけ人がたくさんいるところに、出かけてみましょう。そこで出会った人と、ひと言でもふた言でも話してみることを考える。すべてはそこから始まることを、しっかり自覚しましょう」

ほんとうにこんなことでいいのか。あてにならない他人を闇雲に探すより、孤独を愉しむ術（すべ）を身に着けたほうが確実ではないかと思う。わたしはすでに身に着けているけどね。保坂氏は正しいのかもしれない。しかしもし人が「孤独地獄」に陥るのなら、それはもうどうしようもないことである。ところで保坂氏は他方でこんな逆のこともいっている。

自分の貯蓄額で将来大丈夫なのかと悩んでもしかたがない。「足りなくなったらどうすればいいのか……と、いくら悩んでも『ないものはない』のです。だから、そこから先は『なるようになるのだ』と肚をくくってしまえばいい、と考えるのはどうでしょうか？」

どうでしょうか、もへったくれもない。それしかないのではないか。かれもほんとうはわかっているのである。これがかれの本音である。「どうなるかわからない先のことを案じて、毎日を暗い気持ちで暮らすよりも、『なるようになるのだ』と、あっけらかんと暮らしていくほうが、気分はずっと健康的でいいはずです」

だったら、「ひとり」でも大丈夫。友人がいなければそれでいくしかない。「ないものはない」のだ、それで「なるようになる」と覚悟を決めて「あっけらかんと暮らして」いけばいい。最初からそういえばいいのに。そして、いえるのはそこまでである。人間全員を一人残らず救うことなどだれにもできない。阿弥陀様でもできない。

社会と「つながり」たがるバカ

わたしは社会との「つながり」など考えたことがなかった。人との「つながり」も同様である。会社に勤めていたときも、社会と「つながっている」という意識は皆無だった。結果的に、会社の仕事がなんらかの社会貢献になっていたかもしれないが、一会社員としては、目の前の仕事の処理と、会社の業績と、自分の給料のことしか関心がなかった。仕事に関して、わたしは偉そうなことはいえない。ただ生きるためだけに働いたのである。

大きい契約が取れたときや、目標を達成したときなど、仕事の歓びはあった。同僚たちとの交流は楽しかった。一応仕事はしている、社会の中に居場所はある、という安心感みたいなものもあった。それが社会との「つながり」ということだったのか。定年で会社を辞めると、それが切れたということか。いや、元々社会とつながっているという意識が皆無だったから、切れたもへちまもない。切れたのは会社との「つながり」だけである。社会といっても、たかだか「会社という社会」にいたにすぎない。

だったら、基本的に「ひとり」だった人間にとっては、「社会とのつながり」などなくてあたりまえである。自分自身や周囲の人間たちと切れたわけではないのだ。それが耐えられないのなら、仕事をつづければいい。もう仕事などごめんだ、と思うなら、それ以外で生きればいい。なにがなんでも社会と「つながって」いなければならない、なんてことはない。もしそれが「仕事」をすることと同義なら、そんな「つながり」などどうでもいい。

ところが『定年後』の楠木新氏も「何らかの形で社会とつながっていないと、定年退職者の行く末は厳しくなることが予想される」といっている。かれは退職後、「ライフ&キャリア研究所」なるものを設立し、「社会とつながって」いると自負しているのだろう。講演やセミナー、執筆も、かれのなかではその一環なのだろう。定年退職者を取材して、「社会とつながって」いて「いい顔」をしている人々を紹介もしている。信用組合からユーモアコンサルタントになった人、商社マンから執筆業に転身した人、メーカーの技術者から私大の教授や美容師になった人などである。

もう、なにかをやっていて（つまり「社会とつながって」いて）充実した定年後を過ごしている人の実例はいいよ。読み飽きました。定年退職年齢になる六十歳は、毎年約一五〇万人もいるのである。今の日本には、六十歳から八十歳まで二九八〇万人もいるのだ（二〇一五年度。総務省統計局）。そのなかから数十人や数百人のいわば定年後勝ち組の実例を紹介されても、どうにもならない。そりゃ「いい顔」をしている人はいるだろう。仕事をしている人なら何十万人もいるはずである。何もやっていない人はおなじ程度、もしかしたそれ以上いるかもしれない。いずれにせよ、どちらも自分で選んだ人生である。

わたしはもちろん「なにもしてない人」（「社会とつながって」ない人？）のほうに関心があるのだが、かれら（わたしも含めてもらいたいのだが）は十把一絡げで「図書館」「公園」「テレビ」男としてばかにされるばかりである。しかし、実際に図書館や公園に行ってみればわかるが、常連らしき高齢者はごく少数である。わたしの地元の公園で、わたし以外、高齢者を見ることはほとんどない。いてもちらほら。そんなことはわかっているよ、あくまでもそれらはなにもしていない人の「象徴」だよ、などといわないように。

またまた保坂先生でくどいが、かれもそんな人間には「一日中ただテレビを見て過ごし、お腹が減るとしわしわの服でコンビニに出かけ、気がつくと布団はずっと敷きっぱなし」との決めつけである。いいじゃないか、一日中テレビで。

そのテレビについて保坂氏は、どういうつもりか、見たい番組は事前にチェックして録画予約することを勧める、なんていっている。余計なことである。一日中テレビを見ている人間はばかにしておきながら、そのテレビバカに助言をするとは太い了見である。自慢じゃないが、わたしは「歩く週刊テレビジョン」といわれたのだ。

社会との「つながり」などどうでもいいのである。所詮、仕事をして金を稼ぐ、ということではないか。それを人聞きよくするために、「社会とのつながり」という言葉でカッコをつけているだけである。こんな無内容な紋切型を多用するから、仕事を辞めて主婦になった女性が、社会と切り離されたようでむなしい、などといい出すのである。

「地域デビュー」なんかしないほうが互いの幸せ

定年後の生活において、人との「つながり」も強調される。そのときのメニューにかならず入っているのが「地域」での交流である。いままでは「会社」が主体だったが、これからは「地域」が生きる場所である、といわれるのだ。だから定年男たちよ、積極的に地域の住民交流の輪のなかに入っていこうよ、と。

一応もっともだな、と思わないではない。が、本音をいえばじつにうっとうしい。定年前から近所と仲が良ければなんの問題もない。それまでは挨拶程度だったのに、定年になったからといって、いきなり賑やかな顔と声に変えるのかね。それが積極的ということです、といわれればそのとおりなのだが、相手がいることだしね。それになんだか功利的な気分もして、気持ちもよくない。

わたしはもちろん地域に溶け込んでいない。そもそも人と会わないのだ。会えば、にこやかに挨拶はする。その程度である。そんなことではよくはないのか。地域に溶け込もうとする人は、地区主催のイベントなどに積極的に参加するのだろうか。わたしはおなじ場所に三十年以上住んでいて、退職してからもすでに十年。もういまさら「地域」でもないだろう。いまさら、とはいったものの、昔から姿勢はおなじである。

「定年後にやってくる『地域デビュー』入門」という記事がある（『週刊ポスト』二〇一四・二・七号）。だいたいこの言葉も気に入らない。どこのバカが考えたのか。「公園デビュー」という言葉も愚劣だったが、なにが「地域デビュー」だと思っていたら、そんなタイトルの本がすでに五冊も出ていた。びっくりである。まったく抜け目がない。

「地域デビュー」を舐めてはいけない、と記事はいう。コミュニティへの参加のしかたを知らない「地域難民」が発生し、妻が先に死んだあとは「独居老人」となり、最悪の場合「孤独死」が待ち受けているのだから、と脅かしている。そこで「各自治体が盛んに退職者を地域活動にいざなうための講座を開催している」らしい。しかし、こんなことをいわれてもわたしにはピンとこない。「独居老人」も「孤独死」も受け入れているから。

NPO法人「シニア大樂」の理事長である藤井敬三という人がこういっている。「60歳男性の平均余命から考えれば、退職後の第2の人生で自由に使える時間は11万2420時間にも達する。これは大学卒業から定年までの労働時間に匹敵します。持ち家の人はなかなか引っ越すことはできませんから、地域で孤立せず、上手く溶け込む。そして、その中で自分の楽しみを見つけることが、残りの自由時間を充実させることに繋がっていくのです」（同記事）。自分で引用しておいてナンだが、まったくの無内容だから、無視。

地域デビューの際、「やってはいけない掟」がある、と記事はいっている。①「現役時代を引きずるな」、②「地域社会では『妻が上』と心得よ」、③「古き良き近所づきあいを求めるな」の三つである。

①についてはこんな例が示されている。大手飲料メーカーを退職した六十七歳の男。自治会の告知ポスターを見て「こんなんじゃだめだ。広報部長をやっていた私が作り直します」といって大顰蹙を買い、それ以来自治会にこなくなった。シニアライフアドバイザーの松本すみ子氏がいう。「地域デビューする際、一番のタブーはビジネスマン時代の仕事や役職を引きずることです。現役時代にいくら偉くても、地域に入れば新人です」

②についてのは、わたしはまったく同意する。実例として挙げられているのは、大手金融機関に勤めていた六十九歳の男。妻の陶芸教室についていき、教室で妻に「お茶！」と大声を

出し、すぐに「偉そうな男」という噂が流れた。もう一例。ある六十三歳の男は、自治会で親切にしてくれた五十代の女性に、二人だけで会わないかとデートに誘い、町内にいいふらされた。ちょっと例がバカすぎないか。

③は、近所に昔ながらのお裾分けをしたところ、迷惑がられた。これは今はだめなんだって。逆に新しがって、大手電機メーカーに勤めていた六十二歳の男が、社交ダンスの同好会で、会員同士の連絡はツイッターでやってはどうかと提案したところ嫌われた。

こういった失敗例が多いのか、それとも少ないのを無理矢理探してきたのかはわからない(たぶん、こっちだろう。バカはどこにでもいるが、雲霞のごとくいるわけではない)。成功例も示されている。退職の翌日からゴミ出しを始めた男は、そこで主婦たちと会話するようになり、自治会に参加することにもなったが、笑顔で迎え入れられた。「元は大きな事業所の事業所長と聞きましたが、決して偉ぶるところはなく、人柄が良かったことも、受け入れられた理由でしょう」とは、近所の七十二歳の主婦の言葉である。

できればわたしもこの事業所長みたいになりたいものだが、わたしは男女を問わず、人に好かれるということが少ない。悪気はないし、愛想がないわけでもないはずなのに、どうもよくない(にこやかな挨拶も効果なし)。わたしは、相手のためにも、わたし自身のためにも、地域には近づかないほうが、よさそうである。もし苦手なら、無理に「地域デビュー」

なんてすることはないのである。

　わたしは、「会」というものも好きではない。なんで日本には「会」が多いのかな。自治会、研修会などの公的なものはひとまず除くとしても、私的なものでは飲み会、一次会（二次会以後）、忘年会、新年会、同窓会、宴会、懇親会、親睦会、ＯＢ会、激励会、誕生日会、校友会、送歓迎会、交流会、県人会と目白押しである。「行こう会」「食べよう会」なんてものまで含めるなら、無数にあるだろう。日本人はそんなに「会」好きなのかと思うが（欧米人のパーティー好きよりはまだましか）、むしろ「会」をつくって人を集めることが好きなやつがいるのだろう。余計なやつである。

　わたしは、「みんなでワイワイ楽しくやろうではない会」みたいな、「会」というものが好きではない。「親睦」も好きではない。テレビで、仕事をしたくないという若い人たちの日々を撮った番組を観た。じゃあかれらは仕事をしないでなにをしているのかといえば、ゆるやかな共同生活のなかで、寝転がってギターを弾いたり、ゲームをしたり、各人好きな作業をしたり、アルバイトをしている（やっぱり稼がなければならない）。だれの迷惑にもなっていないから、それはそれでいい。ところが仲間の結婚の祝賀会を計画すると、結局、音楽をかけたり、奇声をあげたりして騒ぐところは、世間のそれとおなじで、なんだそういうときの価値観は世間とおなじなのか、といささか鼻白んだ。

世間では、会に所属したり、「LINE」交換をしたりして、交際範囲を広げたり（人とつながりあったり）している人のほうが断然楽しそうで、そうなりたいと思うのが多数なのかもしれないと思う。わたしは会が好きではないが、会は大好きという人のほうが多いのだろう。これは、どっちがいいとか悪いとか、上とか下とかいう問題ではない。単純に趣味の問題である。わたしはかれらの「楽しさ」が「楽しくない」のだからしかたない。そんな「楽しさ」は全然望まないのである。「会」は不自由なのだ。

ついでにいっておくと、なんでもかんでも「定年後」とつければ売れると思っているような記事があるが、やめてもらいたい（いまなら「不倫」か）。ちょっと古い話で恐縮だが、「定年後の男が衝突する『ご近所トラブル』壮絶現場」なる記事がある（これも『週刊ポスト』二〇一四・十・一七号）。七十三歳と七十四歳のチェーンソーと高枝切りばさみの格闘、六十三歳と八十七歳の喧嘩、七十三歳が四十五歳を包丁で刺した、七十一歳が六十七歳を刺したという事件表があり、そこに「そこまでやるか！　警察沙汰になった定年男性のご近所事件簿」の見出し。なにが「定年男性」だ。ただのじじい同士の事件じゃないか。

いったい「定年後」（「戦後」と似ている）とは何歳までをいうのか。わからないまま、だれもかれも「定年後」と書くが（わたしも）、せいぜい七十歳まででしょうな。

いまこれを書いている横を、リハビリをしているいつもの父子が通り過ぎた（二〇一七年七月のある火曜日。午後四時五八分)。「アンチエイジング」や「第二の青春」や「地域デビュー」といった浮ついた言葉がバカに見える。

ところで、本章の冒頭でふれた湖畔の公園だが、行くのをやめた。八月のある日、木造の屋根や柱に、体長二センチくらいの細い毛虫がうじゃうじゃいるのを発見したからである。身の毛がよだった。行けなくなるのは残念だが、あれはいけない。冬になったらまた行ってみよう。

第6章

定年不安バカ

定年の準備などできるわけがない

わたしが定年を意識したのはいつごろだったか。はっきりとはもう覚えていない。たぶん定年の一年ほど前だったのではないか。しかし意識したからといって、定年の準備などなにひとつしなかった(いったい定年の準備はするものなのか?)。会社がひどい有様で、定年どころではなかったのである。給料は安いし、家のローンこそ終わってはいたものの、老後のための貯蓄などできもしなかった(家のローンは五六か七のときに完済した。これを完済していなければ、いまみたいな呑気なことはいっておられなかっただろう)。

定年後のための資金や健康や趣味など、早目に準備しておきなさい、ということがこれまたよくいわれる。定年間近になって貯金がないと慌てても遅いし、それまでの不摂生を嘆いてもダメ、付け焼刃で無理に趣味を探しても興味がわくはずがない。だから早めに準備をしておきなさい。交際範囲も広げておきなさい。すべてごもっともである。そして、もっともなことが全部できるなら、人生に苦労は存在しないのである。

現在の四十、五十歳ぐらいの人でも事情はおなじではないだろうか。まず仕事がある。会社の業績は芳しくない。日々の暮らしも楽ではない。家のローン(家賃)、車のローン、固定資産税、生命保険、健康保険、学資保険などの固定費があり、小遣いは月に二、三万円。これでどんな定年準備をせえちゅうのかね。せいぜい健康を維持し、家族仲良くし、趣味を育てていくことぐらいであろう。

わたしは定年退職するまで、定年本など一冊も読まなかった。そんな本が存在していることさえ知らなかった。もし読んだとしても、そこに早めに定年の準備をしておきななさい、などと書いてあったら、ばかいってんじゃない、と思ったにちがいない。テレビでF1やサッカーや野球やバラエティ番組ばかり観ていた。しかし、定年に関してはなんの不安もなかった。定年後どうなるかについてもおなじである。わたしは無知で、不安になる資格もなかったのである。

しかしわたしが勤めていた会社で親しかった先輩はちがった。こういう人もいたのである。かれはたぶん会社の将来に見切りをつけたのだろう。五十代に入ったころだったか、中小企業診断士の資格を取るために勉強をはじめ、二次試験に失敗すると、一転して、株と外貨取引をはじめた。株のシミュレーションの勉強を一年間やった。その結果、株で儲け、外貨取引でも儲けた。尋常な額の儲けではない（奥さん、名前を秘しているとはいえ、こんなことを公表してごめんなさい）。

かれはノートパソコンを開き、憎めない顔で、ぎっしりと数字のつまったエクセルの表を見せてくれた。五千万円以上の利益だったのである。その桁外れの額にびっくりした。もしかれが仕事のできないバカ野郎だったら、わたしは、そんなことに血道をあげずにもっと仕事しろよ、というところだったが、なにしろ親しかったものだから、そんなことは露にも思わず、かれの手腕の凄さに舌を巻いただけである。

凄いな、と羨ましかったが、わたしはそんなことをやる気も勉強する根気もまったくなかったから、羨む資格もなかった。かれの壮挙はなんの参考にもならなかったのである。こんなことをやって成功する人が身近にいたのか、と思っただけである。

かれはなんの屈託もなく人に近づける人で、それはかれの才能だった。かれは定年後、団地内で犬のフンの始末をしない人に注意をしたのがきっかけで（なんちゅうきっかけか）、やがて自治会の会長にまでなったようである。その後、どういうわけか大規模道路建設反対の市民団体の先頭に立つようになり、会うたびにかれはわたしにその解説をするのだったが、なんの興味もないわたしは弱ってしまった。

やがて集会の演壇に立つようになり、野党の政治家たちとも知り合うようになり、いずれは市議選に立候補しようかという勢いだったが、七年ほど前、がんで亡くなった。かれは死の直前までわたしにそのことを一言も漏らさなかった。会っていてもいつもと変わらぬ笑顔で、わたしはまったく気づかなかったのである。強い死、だった。もしかれがいまも存命だったら、「定年後」の諸々に関して、もっといろいろなおもしろい話を聞けたのに、と残念でならない。

定年の準備の話だった。早めに定年のための準備をしておきなさい、というのはもっともである。しかし、あまり現実的ではないと思う。少なくとも、わたしの場合はそうだった。考えもしなかった。先輩のような人は稀であろう。定年の準備ができる人は幸いである。四苦八苦して準備をしなくても、余裕で自然に準備ができてしまう人だからである。

切羽詰まらなければ本気になれない

元東レの佐々木常夫氏は、これから定年を迎える人に対して助言をしている（前出『定年するあなたへ』）。わたしは以前、かれの本を数冊読んで、長年にわたる度重なる困難な家族状況のなかで、よく人並み以上の激務をやり遂げることができたものだと感動した。世の中にはこういう人がいるのだ、とわたしは自分の甘さに嫌気がさしたものである。もし自分が佐々木氏のような立場にいたとしたら、到底自信がない。それ以来、わたしは佐々木氏の書くものを基本的に信頼している。

その佐々木氏が、定年を迎える人に対してこのようにいっている。定年後の生活は「三十代、四十代の日々の積み重ねの上に構築されるもの」である。だから――

（……）どんな人生設計に基づいて定年後を生きていくのか。どれくらいのお金が必要なのか。どんな仕事に再就職するのか。そのためにはどういう能力を身につけておくべきか。人脈や人間関係をどう築いていくか。家族との関係はどうか。

そうした定年後の生活のさまざまな側面について、現役時代から少しずつ準備しておく必要があります。


やはりわたしみたいなずぼらとは違う。かれは在職中からこのように考えていたのだろう。いやかれは、自分のおかれた厳しい個人的状況をしのぎ切るために、将来のことを考えざるをえなかったのかもしれない。「家族との関係はどうか」というところに、かれの切実さが表れているように思われる。わたしは次のことには完全に同意する。

「よく定年を第二の人生などといいますが、本来、人生に第一も第二もありません。人がこの世に生きる道は、生を享けてから、生を終えるまで、連続した一本の道です」「定年を境に、まったく新しい人間に生まれ変われるわけでもなければ、それまでと百八十度異なる人生が始まるわけでもない」

まあ世間が「第二の人生」といいたくなる気持ちもわからないわけではない。定年後も仕事をつづける人でも、それまでとはまったく畑違いの仕事をすることはあるのだから。まだ「第二の青春」という言葉よりはましである。こっちは相当に浅ましい。

ところで佐々木氏は、さすがに三十代では早すぎるだろうが、「四十代の声を聞いたら」定年のための準備に「少しずつ着手しておく必要があるでしょう」といっている。わたしは「ん?」と思う。それは現実的に無理なのではないか。こういうところで、さすがの佐々木氏も、無理して「本」を書きすぎているのではないかという気がする。沢山の本を書いているという意味ではない。編集者から「定年を迎える人のために」という企画「テーマ」を与えられ、そのことを意識しすぎて、本人にもあまり実感的ではないことを「頭」だけで書いているように見えるのだ。

佐々木氏は徹底的に仕事の人である。一応は「もう働くなんてゴメンだ。定年後の第二の人生は好きなことだけして暮らしたいという悠々自適」の人生もいいが、といいながら、結局、「定年を『人生の終わり』のようにとらえる悲観主義に陥らないためにも、私たちは定年後も働くべきであり、元気に働けるのなら、健康が許すかぎりは死ぬまで働いたほうがいい。そのほうがその人自身のためになり、社会のためにもなる」と働くことを強く勧めている。佐々木氏が「死ぬまで」働くのは氏の勝手だが、それを人に勧めるのは一面的である。

ここでもわたしは「自分の好きにすればよい」と思う。「死ぬまで働いたほうがいい」などと大きなお世話である。「社会のためにもなる」なんてことも無理に考えなくていい。だれがそんな高尚なこと、考えているだろうか。働くなら、自分の生活のためである。「ボランティア」をする人には、「社会のため」という意識が当然あるだろうが、それでも自分の好きにしているのである。

佐々木氏は、働くといっても、もちろんパートや契約などの「マイペース」でいい、「生きがいや楽しみを優先して、自由にマイペースで働くことが、定年後の理想であり、目標であるといえます」と書く。だがこれは、「生きがいや楽しみを優先して」と強調することによって、「死ぬまで働いたほうがいい」といったことへのバランスをとった調整である。「働く」ことだけは外せないのである。

こんなことは、定年半年前くらいに考えればいいことである。佐々木氏がいっていることは凡庸である。つまり他の人の助言と大差ない。たとえばこんな助言をしている人がいる。「これから定年に備えるには、何といっても『健康で長生き』ということがキーワードとなります」「長い熟年時代を充実したものとするには、それなりの準備もまた必要です。生きがいを見出し、用意すべき貯蓄のことなども考えると、若いうちからはやめに備える心構えが大切」です（『はやめに備える定年』日経文庫Personal、二〇〇一）。

あたりまえのことである。著者は千保喜久夫氏。一九四九年生まれ。元長期信用銀行、現東京成徳大学経営学部特任教授である。ほんとうはみんなわかっているのではないか。はやめの準備など、ほぼ無理なことだと。それに、準備をしさえすれば、何年か先の自分の状況をある程度コントロールできるのではないか、という考えが、虫が良すぎる気がする。人間の傲慢でもある。備えがあっても憂いは残るのである。会議の準備や、試合に臨むサッカーや野球選手の準備とはちがうのだから。

佐々木氏がいっているようなことは、だれでもわかっている。わたしがまだ四、五十代の現役だったら、定年の準備も、死ぬまで働きなさいも無理と思い、かれの言葉はまったく響かなかっただろう。多くの人は、といって悪ければ、わたしは切羽詰まらなければ本気になれないタチである。それまでは、なんとかなるわ、とほとんどなんの心配もしない。そもそも不安がないし、心配してもはじまらないからである。どうなるのだろうという不安があっても、実際にその時空の「中」に入ってみれば、なんとかなるものである。

なんとかなる、は、なんとかする、という意志を含んでいる。おまえは甘い、現実にはほんとにどうにもならないことがあるんだ、といわれて、それはそうであろう。現実の氷壁のような固さはよくわかっている。しかし、いまからそこまで心配してもどうしようもない。いや、現在の自分がそうなんだよ、もうどん詰まりで、生きていくことが苦しい、という人のことまで、わたしの考えはまったく及んでいない。無力です、というほかはない。

こうすればこうなります、の大雑把

いったい読者は、ハウツー本になにを期待して読むのだろうか。希望、だと思われる。「なりたい自分になる」ことであり、「成功」であろう。書き手はそのことを察するがゆえに、読者にほんとうのことがいえない。無理でも希望を示したいと思う。そのため不安を確認し、ときには不安を煽り、その後で、こうすればこうなります、と希望を示す。しかしそれは一般論の希望でしかないから、どうしても大雑把になる。読者にしてみれば、「ほんとかね？」という疑念がつねにつきまとうのだ。

大江英樹氏と井戸美枝氏の『定年男子定年女子』（前出）は、定年問題に関する解決策がよくまとめられた本だが、大江氏もまた、定年に伴う不安を防ぐためには「できれば40代、遅くとも50代に入ったらそのための準備を始めたほうがいい」と忠告している。これはかれ自身の「反省」によるものということだ。「もっと早くから準備しておけばこんなに苦労せずに済んだのに」と。

経験者によるいかにも大切な忠告のように聞こえる。では大江氏が五十代に戻ったとして、その当時実際に準備ができましたかと訊けば、やっぱり無理だったね、ということにはならないのか。後から気づいて、あのときああしていればよかった、と思うことは山ほどあるが、そのときはやはりできなかったのだ。大江氏が、いやちゃんと準備したね、といわれれば、そうですか、というしかないのだが。

大江氏はこういっている。「俗に老後の3大不安といわれるのが『健康』『お金』『孤独』です。このなかで圧倒的に深刻な問題なのが実は『孤独』だということは、定年後に身に沁みました」「(定年後に心配なのは)会社員の場合はお金よりも孤独」。ほんとうに大江氏が、孤独が「身に沁み」たのかどうかは知らないが、「孤独」を三大不安に入れているのがめずらしい。ふつうは「生きがい」が入ると思われる。

「健康の不安、働けなくなる不安、社会や人とのつながりがなくなる不安、孤独に陥る不安」。これらの不安は「貯蓄や投資だけではなくすことができません」。ではどうするのか。「老後」そのものを「なくせばいい」と大江氏はいう。「老後とは、働くのをやめて引退したときから始まる。だったら、生涯現役で働き続ければ老後はなくなる。老後が不安なら、可能な限り働き続ければよいのです」。老後そのものをなくす、という考え方はおもしろいが、結局は、「生涯現役で働き続け」なさい、ということである。

それはいいのだが(「老」はどこに行ったのだ、とは思うが)、問題はここ。「生涯現役で働き続けると、私たちの人生はむしろ明るく楽しくなると感じています」。老後不安である「貧困、病気、孤独」も「かなり解消されるからです」。なぜなら、働いていれば「お金」が稼げるから、貧困はかなり解消される。これはそのとおり。病気は「何もすることがなくて家にぼーっと引きこもってしまうから、心身ともに調子が悪くなってしまう」のだから、働いていると「そこそこ健康は維持できる」。孤独は、「これも働くことによって、周りの人とつながりますから、かなり解消することができます」。

これが、こうすればこうなりますよ、という一般論の希望である。「感じています」とか「かなり」とか「そこそこ」という一歩引いた表現で逃げ道は開けてはいるが、内容は読者への解決策の提示、希望の提示である。ご覧のように、単純で大雑把である。到底、そうだったのか！　と納得するわけにはいかない。「家にぼーっと引きこもってしまうから」病気になる、というのには笑ってしまったが。

孤独にならないためには、他に「コミュニケーションを大切にすること」と「人脈をつくること」を挙げている。友人や家族とのコミュケーションの「基本はギブオンリー、何かをしてあげること」（2ギブ1テーク）だが、人脈つくりといっても、「『ビジネス交流会』のようなものに参加しても、なんの役にもたちません」「テークしたい人ばっかりが集まっているからです」と小気味がいい。人間関係の「基本はギブオンリー」というのは、ぜひそうありたいものである。ただ、ふたつ与えてひとつ取るというようなテクニックがわたしは好きではない。子育ては、三つほめてひとつ叱れ、というようなもので、人間はそんなに簡単なものではない。

家族とのコミュニケーションについて、大江氏のアドバイスはこうである。「子供との関係を良好に保つにはイクジイ、イクバアになることがおすすめです。引退した後は、時間の余裕がありますから、お孫さんができたら、ぜひ積極的に取り組んでください。私も娘が仕事をしているので、イクジイをやっています。社会に受け入れられ、自分が孤独にならない、迷惑な老人にならないためのひとつの方法だと思います」

これも、こうすればこうなりますよ、の嫌な臭いがする。「社会に受け入れられ」って、どういう意味なのだ。孫ができたら「積極的に取り組んでください」というのも大きなお世話。

資格をとる？

定年後の準備のために、資格取得を勧めるものもある。ただ漠然とはやめに準備しなさい、よりは具体的である。『定年後大全』という本は「定年後に就職や社会参加を目指すとき、資格があれば心強い。うまくいけばお金が入るし、やりがいになる」として、「50代でも間に合う主な資格」を紹介している(日本経済新聞生活経済部編『定年後大全　2005-06――セカンドライフの達人になるための51のツボ』日本経済新聞社、二〇〇五)。

自分たちの主張を強化しようとしたのだろうが、「うまくいけばお金が入るし、やりがいになる」というところに、おざなり感があるのは否めない。一番に挙げられているのは、シニアに人気だという「マンション管理士」である。「合格者のうち五〇代以上が占める割合が三四・九%」と高いという(しかし、そもそも全体の合格率がわずか八%と狭き門。そのなかの三四・九%である。俄か勉強ではほぼ無理ではないか)。その他、「社会保険労務士」(合格率九・二%)「行政書士」(二・八九%)「AFP(ファイナンシャルプランナーの資格)」「宅地建物取引主任者」「介護福祉士」「中小企業診断士」などが挙げられている。

定年後のために、なんらかの資格取得を考えている人や、実際にやっている人がいるのだろう(前述した会社の先輩がそうだった)。しかしわたしは一度も資格をとろうと思ったことがない。だから、こういう方面にはさっぱり興味がわかないのだが、五十歳になってから資格取得に挑むというのはどうなのだろう。仕事をしながら資格のための勉強をするのである。わたしみたいに、それではテレビを観れなくなるではないかというようなやつは最初から論外だとしても、気軽に「資格」を取ろうというような話でもないような気がする。

何事も、何歳からはじめても、遅すぎるということはない、とはよくいわれることである。

たしかに一面の真実ではあろうが、それも事と次第による。それに希少な成功者の例ばかりを見ているような気もする（六十六歳で医師国家試験合格とか七十歳で司法試験合格など）。それでもわたしが関心がないからといって、これからやろうとしている人や、すでにはじめている人に、おやめなさい、とはいえない。

しかし、独学でなければ、専門学校の学費がいる。それに万一資格が取れたとしても、開業できるのは定年後である。それなりの開業資金もいる。しかも実務経験はゼロ。大丈夫なのか。まあ暗に、やめたほうがいいのでは、といっているのだが、そのほうが現実的ではなかろうか。「うまくいけばお金が入るし、やりがいになる」といった無責任な言葉に踊らされてはいけない。「うまくいけば」なんてことは、すべてそうなのである。世の中には「うまくいかない」ことが少なくないから、困るのである。

もう、おまえはなんでもかんでも、これは無理、これは現実的ではない、しなくていい、ばかりでおもしろくない、不愉快だ、と思われることをわたしは多少気にしている。読者に希望を与えるのではなく、失望しか与えないからだろう。

書き手はできるだけ多くの人に通用するようなことを書く。いわば「平均的人間」に向けて。そのような読者に希望を与えようとすると、一般論になるしかない。しかし、なにからなにまで（経歴、性格、お金、健康、家族、勤務先、交友）「平均的な人」というのは存在しない。一人ひとりは絶対的にちがうし、だれもが自分は「平均さん」ではないと思っている。なのに本からは希望を受け取りたい。書き手と読み手がともに陥るジレンマである。それを強引に超えようとして書き手が示す、おざなりの助言や、おざなりの希望がわたしは好きではないのである。こんな程度で大丈夫だろ、と読者を舐めている書き手も好きではない。だから読者が望んでいるかもしれない希望も、わたしは軽々に書くことができない。

やはり希望は「平均さん」ならぬ自分自身でつくらないと、と思ってしまう。それが「自分の好きにすればいい」である。どんな「偉い」先生でも、あなたの希望をつくることはできない。たとえ望み通りの希望がつくれなくても（大抵はつくれない）、わたしたちは一日一日をそれなりに楽しく自由に生きていくことができる。あたりまえのことだ。わたしたちはイワン・デニソーヴィチでもなく、アウシュビッツに閉じ込められた囚人でもないのである。

住宅ローンの繰り上げ返済は大切

わたしは定年に向けてなにひとつやらなかった。世の中には、何歳で結婚して、何歳で家を建て、何歳までにこれこれの資格をとり、やがて独立し、老後は海の見える場所に瀟洒な家を買い、悠々自適、といった人生計画を立てる人がいるのだろう。が、これは性格にもよるのだろうが、わたしの人生はまったくの無計画、行き当たりばったりだった。定年後の準備などするわけがなかったのである。どうせなら、生まれる前に準備をさせてもらいたかった。大人になったときの性格は、R・D・ウィングフィールド描くジャック・フロスト警部仕様で、というように。

だいたいわたしは無知である。生命保険は「終身」に入っていたが、「終身」というからには死ぬまで有効だと思っていたら、六十歳で保証額が無効と知って驚いた。しばらく「国の借金」という意味がわからなかった。だれに「借金」しているんだ？　と思ったのである。申し訳ないことである。だれに謝っているのかわからないが。わたしはこんな程度の男である。よくもこんな無知でいままで生きてこられたものだ。定年に際しても、もう毎朝起きて満員電車に詰め込まれて会社に行かなくていいんだな、その前に、起きなくていいんだな、助かった、と能天気に考えていただけである。

定年後のための準備というわけでもなかったのに、いまになって考えると、これができていてよかったと思えることが、ひとつだけある。定年前に住宅ローンを完済することができたことである。わたしは元々家など欲しくなかった。一生、借家住まいでいいと思っていた。しかし独り身でない以上、自分だけの意志を押し通すわけにもいかなかった。成り行き上、埼玉に三〇坪の土地のうえに小さな家を建てたのが三十五歳のときだったか。ローンを組むのに四苦八苦した。ギリギリだったのである。

銀行ローンは三〇年だったから、完済予定は六十五歳。正直にいえば、たいして気にもとめていなかった。なんとかなるだろう、くらいの気持ちだった。わたしは家計に一切無頓着だった。頓着できるほどの給料ではなかった。月々の小遣いをもらっていただけである。貯金がいくらあるのかも知らなかった（知らぬが花だ）。それでも途中、二回ほど繰り上げ返済（当時は「中抜き返済」といったか）をした。結果的に、五十八歳ごろ完済できたのである。よく当時の安月給で家を建て、定年前に完済できたものである。

当時、銀行金利は8％だったが、購入可能な安い物件を探していろいろな沿線を歩き回った。銀行、住宅金融公庫、厚生年金の三本立ての借り入れで、やっと決めたのが二千万円もしない最低価格の家だった（それしか買えなかった）。そのことが、定年までに完済できた最大の要因のだろう。もうひとつ、ある。五十六か七のとき、二十数人程度の会社だったが、役員なるものになり、いったん退職をして退職金をもらった。前述のとおり、たいした額ではなかったが、それでローンの残金を返済することができたのである。

いまにして思えば、借家でなく家を建てたことも、また完済できたこともよかった。大江英樹氏が「持ち家があり、住宅ローンの返済が終わっている会社員の家計がそう簡単に破綻することなどない」というのは、そういうことである（前出『定年男子定年女子』）。しかし、六十五歳や七十歳まで返済しつづけていたらと考えると、ゾッとはしない。ただ定年後わたしは「なにもしていない」と呑気なことはいっていられなかったはずである。

定年までに住宅ローンが完済できないなら大変ですよ、と脅かすつもりは毛頭ない。できないものはしかたがないのである（一年でも二年でも返済期間を短縮できたらいい、とは思うが）。そのときは、働くしかない。そのつもりだよ、という人は大丈夫である。わたしも完済できていなかったら、月々の返済額ぐらいは稼ぐために働いたはずである。事務はもう嫌だから、軽い肉体労働あたりだったただろうか。

家は親が買ってくれたよ、とか、即金で払ったよ、というような人は、われわれとは無縁の人だから放っておきましょう。家は親が遺してくれたよ、という人は幸いである。

現在、四、五十代の人で、いまから定年後のことを考えている人がどれくらいいるだろうか。ほとんどいないのではないか。そのほうが健全である。四十代の人にとっては、そんな先のことはまるで実感が湧かないだろう。もし老後資金を積み立てようと思うなら、三十代から始めなければ効果が薄いらしいが、非正規労働の者が多数で、年金の保険料も払えない、結婚もできない、実家暮らしという状態であってみれば、それこそ定年の準備など無理な相談というものである（定年のある会社に勤めているだけでも幸運である）。

プランナーやらコンサルタントやら、なんたらという専門家も、編集者から〝これから定年を迎える人にもなにかアドバイスがあったらいいですねえ〟とかいわれて、文章だけは立派だが、一般的であるがゆえに無内容なことを書いて、罪つくりなことをしてはいかんと思う（どっちみち、役に立たないから大した罪ではないが）。

もちろん、定年の準備なんかしなくていい、やめておきなさい、というのではない。できる人はやったほうがいい。現に、定年のない自営業をやりたいと考え、そのための準備をしている人がいるだろう。若くしてお金の運用をしている人もいるだろう。しかし専門家から、定年の準備は早めにとか、四十代から始めたほうがいいといわれても、焦ることはないということである。そんなこと、無理してやんなくていいです。焦ってもできないものはできないんだから。

第7章

未練バカ

くすぶりつづける自我

プロレスラーの武藤敬司氏が「思い出と戦っても勝てねえンだよ」といったという。武藤氏がどういうつもりでいったのかわからないが、「思い出」の大切さに関しては同感である。わたしは思い出と戦ったりはしないけど。

思い出として残っているものには不朽の価値がある。そんなものと戦って、勝てるはずがない。現前の人物や光景のほとんどは思い出になりきれず、ただ消えていくだけのものである。思い出とは濾過されて残った良い記憶のことである。嫌な不快な記憶は、別の場所に澱のように溜まった毒である。廃棄するにかぎる。思い出は、良き日々や人々の懐かしさであり、過ぎ去った人生の彩りであり、ばかばかしい現在のなかの慰藉である。

未練というものがある。過去の形骸でしかない自分をいつまでも引きずっている。思い出は現在の自分に潤いを与えてくれるが、未練は現在の自分を掘り崩すだけである。未練とはくすぶっている自我である。自分で水をかけて消すこともできず、といって自分で火をくべて、再び赤々と燃えあがらすこともできない。ただ煙を出してくすぶっている自我に自分がむせているだけだ。そのむせ返りが自分でも納得できず、その不快さを周囲にまき散らす。

それで浅ましくも自分の存在を知らしめようとする。

よく持ち出されるエピソードで、再就職の面接にきた定年退職者が、「前の仕事はなにをしてましたか？」と訊かれて、「部長をしてました」という話がある。これが、気位が高いだけの使えない退職者の典型として笑い種にあげられるのだが、わたしはその元部長がちょっとかわいそうな気もする。足を組んで椅子にふんぞり返ってそういったのなら正真正銘の肩書バカだろうが、その元部長の場合は、面接の緊張感から来たただのいいまちがえだったのではないか。

いずれにしても、ふんぞり返りの役職未練バカはそんなに多くはないはずである。元部長のエピソードもめずらしい事例だから、いつまでも語り草になっているのではないか。ほとんどの退職者たちはさっさと前職や肩書に見切りをつけて、元警察官が町の洋食屋を開いた、というように、次の新たな一歩を踏み出しているのである。だが、そうはいっても油断は禁物である。そんな男はいることはいるのだから。

かれらは対人関係で、くすぶった自我を発散する。それが周囲との軋轢を生じる。いったん身に沁みついた大物意識は定年退職したからといって、すぐには改まらない。かれに残っている記憶は、良い思い出ではない。周囲に支えられることで維持できていた、世間知らずの自分だけの快適感である。これが定年でくすぶる。できればこんな男とは遭いたくないものだ。

旧職の地位にしがみつくバカ

佐々木常夫氏は、そのような人間に遭遇している。世間には会社のタテ社会の価値観をそのまま私的関係にまでもちこむ輩がいるが、「定年退職後も、その序列感覚と決別できず、地域社会に持ち込む人がいます」。氏が「マンションの管理組合の役員をしていたときに、その「典型のような人」がいた。「大手企業の専務まで務めたという人」だが、「組合の集まりに顔を出しても、『おれが、おれが』と場をやたらと仕切りたがる」。こんな男がうっとうしいのだ。未練バカは少ないと書いたが、意外に多いのか。

その「おれが、おれが」男は、そのくせ「実際の業務や活動にちっとも汗をかこうとしない」。だから「協調性にも欠けるし、他の人の意向や言い分を聞きながら意見をひとつの方向へまとめていくという、本来のリーダーに求められる器量にも不足している。地縁や私的つながりにおいて、もっとも役に立たず、もっとも面倒で、もっとも敬遠されるのが、このタイプです」(前出『定年するあなたへ』)。この男は佐々木氏と初対面したとき、氏の「前職や肩書をしきりに知りたがった」ったという。未練バカの典型である。

第1章でちょっと小バカにした川北義則氏だが、かれもこんな例を挙げている（前出『みっともない老い方』）。実際に川北氏が見たのかどうかはわからないが、あるじいが行きつけの高級レストランに行って、混んでいるので相席をといわれると、「おれを誰だと思っているんだ！」と激怒したというのである。しかし、こんな話ならどこにでもある話だろう。川北氏はこう書いている。「以前は通用したかもしれないが、リタイアすれば『ただの人』。それがわかっていない輩がけっこういる」

まさにそのとおりである。わたしは、リタイアしていようが、現役であろうが、みんな「ただの人」だと思っている。もちろん人には地位や肩書や役割がある。当然、それは尊重されなければならない。しかし地位や役職（や組織名）を自分だと思い込んでいる人間は存在する。そのへんの娘でも、アイドルや女優と呼ばれてちやほやされると、いつの間にかその気になって傲慢な人間になってしまうのはめずらしいことではない。杉村太蔵も（わたしは嫌いではない）「先生」と持ち上げられてその気になりかけたとき、ずっこけて、「ただの人」に逆戻りしてしまった。いいことである。

どんな地位にあっても、心のどこかに自分は「ただの人」だという自覚をもっていない人を、わたしは好きではない。そういう人とつきあうのはごめんである。ところで件のじいさんの醜態を見た（？）川北氏はこんなことをいっている。「そこで提案だ。年齢的に六十を過ぎたら、もう何に対しても『ありがとう、ありがとう』で通すというのはどうだろうか」

まあ賛成である（日本人も外国にいけば、しきりに「サンキュー」だの「メルシー」の「ダンケ」だのといってるではないか）。だが、なんで「年齢的に六十を過ぎたら」なのか。何歳でもいいではないか。そのへんが川北氏の甘いところである。わたしもトライしてみるが、川北氏にもがんばってもらいたい。

楠木新氏も、駅員に食ってかかっていた定年退職者（らしき）人間を見た。その男は「ICカードでは定期券の区間の差額精算ができないことに腹を立てている様子だった」。それはできませんと恐縮する駅員に、その男は「それを書いている約款をここに出せ」と怒鳴り散らしたという（前出『定年後』）。先の「おれが、おれが」男よりも、この男はタチが悪い。こんなヤツは死んでくれたほうが世のためである。楠木氏は、この手の苦情をいってくるのは「元管理職」が多いらしいといっている。

おれがいなくなったら、会社はどうなっているかな、さぞかし困ってるのではないか、と勝手に思いあがって、会社を訪問するOBヅラの人もよくない。これはわたしのことである。定年後、一年間ぐらいだったか、月に一回、前の会社に顔をだした。わたしの場合、おれがいなくなって困っているだろうなと、思ったからではない。そんなことなら、会社はどんなになっても仕事は回るものだ、とわかっていた。前田健太選手や黒田博樹選手がいなくなっても、広島カープは優勝したのである（わたしが黒田氏や前田氏並み、といいたいのではない）。わたしの仕事の後継者も、いい仕事をしていたのである。

わたしが訪ねたのは、仲の良かった年上の人がまだ会社で働いていたからである。それと業績不振の会社の現状を聞きたいというのもあった。端的にいえば、会社の行く末が心配だったのだが、どんな理由をつけても、わたしがOBヅラをしていたことはまちがいない。なかには、のこのこなにしに来やがった、と思っていた人間もいたと思う。わたしなんかもうなんの役にも立たない部外者だったのだ。

わたしが在職中、退職した人が会社に立ち寄ることはあった。そのときは、懐かしかった。が、ほとんどの人は退職後、一度も来なかった。潔い人たちである（なかには顔を出しにくい人もいたと思うが）。のこのこと会社に顔を出していたのはわたしぐらいだったのではないか。本人にそのつもりがなくても、「OBヅラ」をしていると見られてもしかたないのである。会社がうまくいかず、他社に買収されて移転してからは行かなくなった。いまでもその会社のことが気にはなっているのだが。

定年退職に際して、こういう言動も避けたいものである。定年直前は、こんな会社さっぱり辞めてやるよ、となんの未練もないようなことをいっていたのに、定年後も何食わぬ顔をしてちゃっかりと居座ることである。さっぱり辞めていったなあ、と思ったら、定年前からあちこち動いて、しっかりと転職先を決めていたヤツもいる。

まだモテると思ってるバカ

くすぶる自我が燃え切らない生木(なまき)(年寄りのくせに生木、というのもおかしいが)のように煙を出すのは、名誉欲と支配欲が満たされないときだと思われる。つまり、尊敬されたい。人や物事を自分の思い通りにしたい、ということである。で、自我が満たされないと、周囲が見えない強引な自己顕示となる。かれらに共通しているのは、その自我がどれほど噴飯ものの自我にすぎないか、自分という人間がいかに「ただの人」にすぎないか、にまったく気づいていないことである。

しかし未練バカというなら、それと同等かそれ以上にくすぶっているのが「性的」な問題に関してであろう。つまり、まだモテる、まだモテたい、という気持ちである。さらに、あわよくば、と思っている人も少なくないだろう(この問題は、定年後限定でもなんでもない)。フランス書院文庫やマドンナメイト文庫が何十年も廃れていないのは、その現れである、といったら、例として見当はずれか(たぶん読者の大半は高齢者?・)。まあそんなことはどうでもいいが、あわよくば、という望みのほとんどはただの妄想で終わる。わたしはそんな現実例を知らないから、小説のなかに見ていくことにする。

　そこで、第2章で約束した内館牧子氏の『終わった人』の後半だが、〝オレはまだ若い女にモテるんじゃないか〟妄想編である。ただその前に、一冊紹介しておきたい本がある。なんだ、焦らすのか、という人はまさかいないと思うが、むろんそんなんではない。焦らすほどの本ではない。紹介するのは、渡辺淳一の『孤舟』（集英社文庫、二〇一三）である。他の定年本でも紹介されていたので、知る人ぞ知る、の定年本のようである。前もっていっておくと、この主人公、バカですよぉ。

　大手広告代理店の執行役員だった主人公。六十歳で定年退職。「よし、これからは俺だけの時間ができるのだ」と意気込むが、いざ定年になってみると「毎朝起きても、やることがない」。「すべてが暇で空いている」のだ。ところが妻は知人との買い物やランチ、ヨガ、水彩画、映画、芝居見物だといって出かける。これが気にくわない。妻が出かけようとすると「なんだ、また出かけるのか」「何時に帰るのだ？」「俺の飯はどうなるんだ」といちいちうるさく訊くようになる。「早く帰ってこいよ」。ついにはこれがこじれて、妻は娘のところに行き一時別居状態になる。

　こんな男、ほんとうにいるのか。ちょっとおもしろいが。「わしも族」というのがいる（いた？）らしい。「妻が出かけようとすると『どこへ行くんだ、わしも行く』と小さな子供みたいに、女房の行くところどこへでも付いていくだけでなく、妻の買い物にいちいちこんなものを買うのかと口を出したり「もう帰ろうよ」と言い出す」(大宮知信『お父さん！これが定年後の落とし穴』講談社、二〇〇九)。「どこへ行くんだ、わしも行く」の「わしも行く」が、子どものように狼狽えているようでかわいい。――と、わたしには見えるが、妻にとってはただうっとうしいだけか。

それにしても『終わった人』の主人公は大銀行の企画部副部長、こっちは大手広告代理店の執行役。こんなんばっかりである。小説家の想像力の貧困である。ビンボー退職者は小説にならん、ということなのだろう。

で、それはともかく、妻が家を出ていった後、この亭主は「こんなとき、誰か、とくに女性とでも食事をしたら元気が出そう」だ、といやらしいことを考え、ネットで偶然見たデートクラブに電話をするのだ。果敢である。入会金五万円、一回のデート代二万円を払い、二十七歳の女性とデートをする。「彼女は特別美しいわけでも、スタイルがいいわけでもない」が、「六十過ぎた、定年になった男には、まずまずの彼女だろう」と生意気なことを思う。ホテルで食事をし、バーで酒を飲む。周囲を見渡すと、こんなカップルは他にいない。「やはり俺はエリートというべきか」というわけのわからん感慨に耽る。アホである。この日だけで十万円の散財だが、この男にとってはまったく堪えていない。

最初は彼女を半ば強引に家に誘い、それがやがて習慣となって、女は料理をつくったり掃除をしたりするようになる。男は「いきなり正面から無理なら、後ろからでも抱き締めたいとか、別れ際に「『好きだよ』といって抱き締め」たいなどと考えるが、実行できない。京都旅行ができないかと考える。「彼女は自分を嫌ってはいない」。いや「もしかしたら、彼女はそういうところ（旅先……注）で求められることを、待っているのかもしれない」と都合のいいことを考える。「俺も捨てたものじゃない」と脂下がる。

結局、彼女は結婚することになるのだが、この先もこのオヤジと逢い続けることはできるという。なんじゃそれ。この女はなにを考えてるんだ、と思うが、考えたのは渡辺淳一である。「君のおかげで、元気になれた。ありがとう」と妻にいったこともない感謝の言葉をいい、「よし、今日から新しく生きていこう」と思うところで、チャンチャン。アホである（親本は二〇一〇年）。

「終わった人」のつづき――ムフフのバカ男

さて、内館牧子氏の『終わった人』の後半である。

定年退職した元銀行マンの田代壮介の前に、内館牧子氏がこれまたおあつらえ向きの女を登場させる。カルチャースクールの事務員でバツイチの三十九歳、こちらは「色白の秋田美人」である。六十四歳の主人公はスポーツジムにも行っているが、文学研究でもするかと、カルチャースクールに行き、その女に出遭う。女のススメで啄木講座を受講することにする。後日、バス停に立っている女を偶然見かけ、自分の車に乗せる。「さっきまで妻が乗っていた助手席に、若い女が乗っている。ちょっといい」と、内心のムフフ。アホである。

この男、なにかにつけ自分に都合のいいように考える。ひとりで盛り上がるのだ。もちろん、盛り上がらせているのは内館さんだ。思考も行動も渡辺淳一の主人公とそっくりなのだ。女からほかの講座も勧められる。「そうか、久里（女の名前）ももっと一緒にいたかったのだ」「いや、まさかな。だけど、イヤなら誘うまい」。アホである。『孤舟』の主人公といい勝負だ。「笑って俺を見る久里の、首の白さにゾクッとした」

そこで彼女を東京會館のローストビーフに誘う。「久里はとろけるばかりの笑顔を見せた」。しぐさを見ては「何て可愛いんだろう」と思う。ランチに誘えばついてくる。「少なくとも俺のことを嫌ってはいない」と思う反面、やはり自信がない。「俺はどうなりたいんだ」。支払いをするだけの「メシ友」か。「最も悲しいパターンだ」

ところが、この女がまた男を誘うような余計なことをいったりするのである。無防備に酒も過ごす。案の定、男は、彼女は「何かいつもと違う」と勝手に思い込み、「今夜、突然どうにかなったら、俺は大丈夫だろうか」などと考え、タクシーのなかで乾坤一擲、思い切って彼女の「肩を抱きよせようと」するのだ。ところがそのとき、女はふたりのあいだに距離をとるように、いきなりハンドバッグをねじ込む。男はその瞬間、冷水をぶっかけられたような気分に急降下。よっしゃ、女、よくやった。パチパチ。

これ以降、妄想が砕け散った男は思いっきり拗ねて女と会わなくなり、それで終わるのかと思いきや、いやいや、作家はそんなに甘くない。その後なんだかんだあって、男は彼女を熱海のホテルに誘うことに成功するのである。女も「泊まれます」なんてことを約束する。「もうじき、この部屋に久里が来る」。フロントから電話がきたら、部屋にくるように伝える。「入って来たら、最初にどうすればいいのか。ベッドに押し倒すのは後だ」（もうむちゃくちゃ）。まずはシャンパンだ。そして彼女の悩みを聞くのだ。「話してごらん」とかいって。

アホである。まあ男はだいたいバカなものである。バカだが哀れではない。自業自得である（カメラの前でレイプ被害を訴えた勇敢な女性がいたが、その当の卑劣な相手、元ＴＢＳのワシントン支局長を連想する）。

さて、その後どうなるのかは、この本は一〇万部以上売れたらしいから、ご存知の方も多いと思われるが、未読の人で気になる方は直接お読みください。「ええ？　ここでいえよー」というかたがおられるかもしれないが、そんな方には、お察しのとおりです、といっておく。

男の次の言葉がそれを示している。「一般オヤジに恋はありえないと実感しつつも、どれほどワクワクし、ときめいたか。本当だ」

「本当だ」って、だれにいっているのだ。つくづくばかばかしいが、この男は「自分としても『終わった人』ではないのだ」と確認したかったのかもしれない。妄想に振り回されて、余計なことをしたものだ。

まだ「現役」といいたがるバカ

だれも訊いていないのに、「オレはアッチの方はまだ全然現役だよ」といいたがるバカがいる。知ったことかね。ある本には、風俗にいっている知り合いもいる、なんてことを書いているものもあるが、そりゃあいるだろう。どんなやつだっているのだ。だれにも迷惑がかからなければ、好きにすればいいのである。

わたしなどにはその実態がとんとわからないが、デートクラブで疑似恋愛を感じようとする人もいるだろう。フィットネスクラブや社交ダンスを、老いらくの恋の出会いの場と考えている輩もいるにちがいない。セクハラや無理強いをしたり、ストーカーになったりするのは厳禁だが、そうでなければ外からとやかくいうことはない。結局、自分がするかしないか、だけである。

ちょっと古い人で恐縮だが、野末陳平氏が例の調子でいいたいことをいっている（『定年病！』講談社＋α新書、二〇〇七）。人間、「色気をなくしたらおしまいだ」。「昔から、英雄色を好むというが、英雄ではない普通の老人でも、『スズメ百まで踊り忘れず、男百まで色気忘れず』の気概を持たないといけない。色気がなくなったら人間死んだも同然だ、とぼくもこの年齢で思うしかない」。野末氏は昔の人だから、なんでも「色気」で済ましているが、わたしも昔の人間なのに、「色気」がなんのことかよくわからない。性的好奇心といったところか。野末氏から、なに気取ってやがる、ただのスケベ根性のことだよ、といわれそうである。

しかし野末陳平氏、絶好調である。「いくつになっても色気を忘れないタイプの人というのは、定年病にかかってもすぐ治ってしまう。前の会社の不倫相手に電話したり、昔のガールフレンドを呼び出したりして楽しむのもいいが、それがムリなら、テレビ画面の女子アナでも見て満足するのも一案だ」

バカじゃないのか。どこが絶好調だ（わたしがいったのだが）。もういい加減すぎる。なにが「一案だ」だ。元々こんな本を選んだわたしが悪かったのである。申し訳ない。「色気」とはなにか、など考えたわたしがバカだった。野末氏のいうとおり（いってはいないが）、ただのスケベ根性だったのである。

困ったときには、第5章でも登場してもらった本田健氏である（前出『60代にしておきたい17のこと』）。かれは、こんなことをいっているが、今となっては、なにかほのぼのとしているのだ。「60代を過ぎた人がTシャツを着こなしていたら、『若々しい』とか『かっこいい』という反応が返ってくるはずです」。いいなあ。ばかばかしくてほのぼのとする。「男性でも女性でも、セクシーでいようとする人は長生きします」。そんなわけあるかといいたいところだが、怒ったら負けである。「80代でも元気で、セクシーな人はいます」。元気な八十代はいるが、セクシーなのは見たことがないなあ。「セクシー」ってなんじゃらほい。どうも引用文が貧弱でよくない。

ところが、世のオヤジのなかには、本人も「セクシー」気分になって、だれの猿真似か知らないが、白髪のもみあげを顎ひげまでつなげて、「オレ、年の割にはちょっとカッコよくネ？」と思っているものがいる。あれを見ると、「またいたよ、未練がましいモテたいおやじが」と思う。広告代理店業界やジャーナリズムや大学教師や弁護士あたりの、知的と思われる職業のオヤジ連中に多いと思われるのだが、どんなに見てくれを飾っても、所詮じじいはじじいだよ。しわ腹じゃないか。

年を取った男女が、感に堪えないように「恋愛をしたいなあ」といったりする。くすぶる自我が燃え盛るような、あのときの胸のときめきよもう一度、というのか。気持ちはわからないではないが、その言葉と声音と、その表情が気持ち悪い。男のなかには、なにもかも捨てて、魔性の女に魅入られてみたいなあ、というのがいるが、口先でいってみるだけである。なんだ「魔性の女」って。「恋するときめき」はボケ防止にいいという医者がいる。そんなこといわれてもねえ。

こんなへんな人もいる。七十三歳の男が投稿した「密かなプラトニック・ラブ」という文章である（『定年後』――「もう一つの人生」への案内　第三版』岩波書店、二〇〇三に所収）。かれは定年後に備えてふたつのことを現役時代から準備したという。ひとつは「内緒金をつくり貯金する」。もうひとつは「良い意味での女友達をつくり生涯交際する」である。いったいなにを「準備」したのだか。まさに世の中は広い。

早期退職して、夫婦で「おはぎ屋」を開いた人もいれば、こんなわけのわからんことを考える人もいる。で、その準備男性はこんなことをいっている。「女性のことは男性である以上、異性を恋しがるのは本能であろう（略）こう書けばいかにも常軌を逸した行為のように受け取られるが、私の場合はプラトニック・ラブである」

それで、定年一年前、前から好意をもっていた職場の女性を食事に誘ったところ、「喜んで」一応じてくれた。彼女は「特別に美人でもない」が、二十歳も年下の人である。ということは、かれが五十九歳のとき、彼女は三十九歳か。それ以来、七十三歳の現在までその関係がつづいているということなのだろう。その意味では、自我はくすぶることなく、チリチリと線香花火のように燃えつづけたということか。わたしもつまらんことをいっている。

彼女にも家族があったから、会うのは三ヵ月に一回食事をして話をするだけである。別れ際に握手をする。「一緒に時間をすごすのがとても楽しい」。いわば「ただのお茶のみ友達に過ぎない」が、「人の知らない世界でこっそり逢引きすることは、とても重要な意味がある。逢う日までの時間がとても待ち遠しい気持ちが胸に充満して波打つ」ということだ。「さようなら、またお逢いしましょう」「そうですね、お待ちしています」。なんだか不思議な、わからない世界である。

なんのために60年も生きたのか

くすぶった自我を抱えて周囲に問題を起こす人間は、六十年も生きて、自分の身を修めることができなかった人間である。出世もし、権力ももち、金も稼いだが、その結果周囲に威張り散らすことだけはできたが、自分の身を修めることだけができなかった。そんな自分の不始末を定年後に周囲にまき散らされてはたまったものではない。

「修身斉家治国平天下」という言葉が『礼記』の「大学」にある。「天下を治めるには、まず自分の行いを正しくし、次に家庭をととのえ、次に国家を治め、そして天下を平和にすべきである」という、儒教の基本的な政治倫理観である。学生時代、何度か聞いたり読んだりした言葉である。

いきなり堅いことをいいだしたな、と思われるだろうが、申し訳ない。一番最初にあるのが「修身」である。「身を修める」ことの重要性についてはだれも異論がないだろうけど、これは戦前の「修身の教科書」を連想させてはなはだ評判が悪い。現代の「道徳」の教科の不人気と双璧である。リベラルな知識人や作家たちが、国が押しつけで「修身」や「道徳」を教えるんじゃない、と批判したものだから、一般にも「修身」や「道徳」は堅苦しいもの、なんの役に立たないものとして、表向きは否定してもかまわないものといった風潮がある。しかしそれも、道徳を国が教えることに批判があるので、道徳じたいを否定している人はまずいないのではないか。

道徳教育批判はいいのだが、では本を読み、映画を観て、人を見て、話を聴いて、考えて、自分で自分の身を修めるように自己教育をするのか、といえば、そんなことはほったらかしである。そこにこの社会には、不まじめなオレは大物、まじめなやつはバカにしていい、というわけのわからん伝統的な価値観があるものだから、自我のゴリ押しをしては自己陶酔する。そういう人間から人が離れ、嫌われた挙句に「ひとり」となっても、自業自得である。自分自身でそういう人間に自分をつくりあげたのだから。

六十年も生きてくれば、多少は自分の身を修める術（すべ）くらいは心得ていてもいいのではないか。――と思うが、この社会では、人間が成長できるようにはなっていない。むしろ、成長しなくていいというメッセージがマスコミ上で溢れている。無知であることがなんの恥でもなくなったのである。政治家までが受け狙いで、笑いをとろうとする時代だ。その結果、笑いがとれなくて、首をとられている（大してうまくはない）。

定年後の生きがい探しや「地域デビュー」もいいが、まずは身を修めるように努めてみようということも必要なのではないか。それが人間の成長である。人に身を修めなさいといっても、どうにもならない。自分で考えて自分ではじめるしかない。川北氏がいうように、これからは「ありがとう」でいこう、ということでもいいではないか。

第8章

終活バカ

「終活」は認知されたのか

この章は短い。すぐ終わる。

定年といえばまだ六十歳、再雇用で延長になっても六十五歳、まだ死を意識する年齢ではない。わたしは今年七十だが、現実的な死を意識していない。五十九歳で退職したときは、あと十年、七十まで生きられるかな、とは思った。体調に自信がなかったからだが、意外と大丈夫なものである。四、五十代に比べれば、たしかに死をより近くに感じる。実際、近い。いつなにかあってもおかしくはないな、という意識はある。

しかしこんなことをいくらいっても意味はない。多少意識はする、とはいっても、まったく本気ではないし、それゆえなにもしていないからである。だから「終活」といわれてもなんの実感もない。ふだんは死など完全に忘れている。できれば、死の三日ほど前まで本気になれなければいいと思う。

ところが世は「終活」ブームとやらで、エンディングノートを書いておこう、遺書の書き方も学んでおこう、墓の準備をしなさい、生前整理をしておきなさい、子どもに迷惑がかからないように葬儀費用は確保しておこう、自分らしい死に方（散骨、樹木葬など）を考えている人はそれなりの準備を、延命治療の可否もはっきりさせておこう、などといわれ、なにやらせかされているような空気になってきたのである。しかし世の中には、きっちりとした計画好きの人がいて、もうすべて済ませたよ、という人もいるのだろう。

「終活」か。めんどうくさいことになってきたものである。こんな言葉、犬に食われてしまえと思う。元々はただの「部活」ですよ。それが「就活」になった。そこまではまだよかった。それをどこかのバカが「婚活」に流用したところ、目新しいことならなんにでも食いつくマスコミが、お、それおもしろいね、と喜び、そこからはもう「活」の付け放題、もっとないかと行き着いた先が「終活」である。実際に「終活」をしている人（団塊の世代が多いようだ）に、うかつにバカとはいえないから、ちょっと日和（ひよ）って、この言葉にくそバカといっておく。

世の退職者たちは、元職場の仲間たちとの会合で、「おまえ、なんか終活やってんの？」「当然だよ。エンディングノート書いちゃったよ。墓地も買ったしな。おまえは？」とかいっているのだろうか。「終活」は、結構便利な言葉として認知され、使われているような気がする。嫌な言葉だから使うなといってもしかたがない。わたしは友人がいないもんだから、そのへんのおじさん事情がとんとわからないのである。もっともおじさんたちの平均を知ったところで、なんの参考にもならないのだが。

わたしはまだ墓を建てていない

芸能人のだれだったか、すでに立派なお墓をつくっている人がいる。その墓を自分で紹介していた。一般の人でもいるだろう。偉いものだと思うと同時に、諸事ぬかりのない人なんだな、とも思う。一般的な慣習によれば、親の墓に入れるのは長男だけで、次男以下は入れないことになっている。そのしきたりに、法的な規制はない。本家、分家があった家制度の名残りとされているようだ。

わたしはまだ墓を建てていない。金銭的余裕がないのもあるが、考えがそこまで行かないからである。単純に面倒なのだ。親の墓に入れてもらえるなら、それが一番いい（永代使用者と管理責任者の許可が必要らしい）。墓のことなど考えなくていいからである。わたしの考えでは、自分の墓などいらないし、親の墓にも入らなくていいのだが、だったらどうすんの？　といわれると、代案がない。こともない。

保坂隆氏は「四十代で自分の墓をつくり、それからは毎年元日に、自分の墓参りを続けて」いるという（前出『精神科医が教える定年から元気になる「老後の暮らし方」』）。なんだか、すごい。よく四十代で、墓つくりまで考えが及んだものだ。それで自分の墓参りをすることは「『今年はどう生きていこうか？』と、去年までの自分をリセットして、生き方を真摯に見直す格好の機会」になっている、といっている。まったく意味がわからないが（別に墓参じゃなくてもと思う）、こういう人もいるのだ。

わたしはほんとうはなにが正しいのかわかっていない。好き嫌いがあるだけである。常識的には、わたしは自分の墓をつくるべきなのだろう。だが本心では墓などいらない。残された者はわたしの写真一枚をもってくれて、一年に一回、その写真に元気でやってるか、と心でいってくれればそれで十分である（それさえなくてもいいのだが）。それで物足りなければ、一片の骨を小箱に入れて手元供養してもらってもいい。当然、葬式も戒名もいらない。

しかしそうもいかないのだろうな。「死」は自分の気持ちだけのことではないのだから。自分がやってもいないことを、残された者に押し付けるのも本意ではない（わたしは親の写真はもっている。骨は気後れして取ることができなかった）。難しいものだ。

奥村彰太郎氏も当然「お墓の準備をしなければなりません」といっている（前出『定年後のお金の不安を解決する本』）。やけに具体的である。墓の区画は公営では「東京の青山霊園では1区画400万円～900万円以上の値段にもなります」。これは高すぎるが、地方の区画でも「100万～200万円は見込んでおく必要があります」。民間墓地でも「100万円前後が多いようです」。「一番多く売れている墓石の価格帯は100万～200万円になっています」

まあこんなことは、いざとなったときに調べればわかることだが、奥村氏がいうのは、そのために数百万円は準備しておかないといけないよ、ということである。あの佐々木常夫氏も墓準備派で、奥村氏と同意見。「財産と呼べるほどのものは何もなくても、自分の墓と葬儀費用くらいは準備しておくのが親が最後になすべき努め。反対に、親の借金を子に背負わせるようなことは避けたいものです」(前出『定年するあなたへ』)

これがやはり世間の常識だろう。「親の借金を子に背負わせるようなことは避けたい」というのは当然のことである。しかし葬儀もせず、墓もつくらなければ、葬儀の煩わしや墓参りも不要になり、残された者の手間はもっと省けるではないか。しかし煩わしさを省いてやるのがいいのか、それをあえてさせることも親の役目（？）なのか、わたしがわからないというのは、こういう部分である。

わたしの考え自体ははっきりしているのだが、死んでいく人間の意志など、どうでもいいのではないか、という気もする。「葬式無用、戒名不要」さえ余計なことかもしれない。せいぜいいえることは、延命措置は断る、ということまでで、死んだあとのことは、好きなようにしてもらってかまわないということでいい気がする。

結局、これかな？　という絶妙の意見がある。南伸坊氏は自分の死に方についてこんなことを書いている（講談社編『第二の青春――50歳からの人生を10倍楽しむヒント』講談社、二〇〇一）。「自分が死んだら、太平洋のどこらへんまで船で持っていって、水葬にしてくれ。とか、チベットの山奥の鳥葬の谷まで届けてください。とか、サハラ砂漠に埋めといてほしいとか、粉末状にして上空から撒布していただきたいとかいう希望は特にない」。わざと誇張して、自我の強い死のかたちを揶揄しているようである。

たしかに、生前になんのかんのいっても、死んだあとのことはわからない。死んだあとのことまで、自分の意志を通そうとするのは自我の傲慢かもしれない。そこでこれ。「葬式というのは、生き残った人間のための儀式なので、死人はカヤの外である」。「だからもう、テキトーでいいっす。体だけは大事にして下さいと思う」と、林家三平みたいに締めくくっているが、この「テキトーでいいっす」がじつにいい。これが最善なのかもしれないと思う。

わたしは自分の墓などいらないからといって、お墓の存在と意義を否定しているのではない。わたしは無宗教である。神も仏も信じてはいない。しかし信じている人を、侮（あなど）る気持ちは毛頭ない。親の墓参りには行く。手を合わせ、なにごとかを願うが、しかし、あっさりしたものである。神社や寺では手を合わせるかどうかはそのとき次第である。二礼二拍手一礼という作法もそのとき次第。ようするに「テキトー」なのだ。

死のイベント化の派手と地味

「終活」という言葉ができたせいか、業者たちが商売のチャンスとばかりにそれに食いついて（それともかれらが流行らせたのか）、中味をもっとバラエティ豊かにしようと、「入棺体験」やら「死に装束ファッションショー」やら「マイ骨壺」やらを餌としてばらまいた。すると悲しいかな、これにすぐ食いつく人が出てくる。現代は個性や自分らしさが称揚される時代で、いまの人は自分の死にさえ個性や自分らしさを求めているのではないかという気がする。現在では「終活カウンセラー」なんて人までいる。

ＮＰＯ法人ライフデザインセンター編著『旅立ちのデザイン帖――新しい〝終活〟のガイドブック』（亜紀書房、二〇一六）は基本的にはまじめな本（しかし、無駄に分厚い）だが、こんな提案をしている。「柩はあなたの身体が最後に入る場所です。それならば、事前に気に入った柩を選んでおくのもいいかもしれません。生前準備として、洋服やアクセサリーを選ぶという感覚で、柩を選んでみてはいかがでしょうか」といっている。どこがまじめなのか？　つまらないまじめさだ。

お棺も自分が気に入った自分らしいものを選んではどうですか、といっている。死ぬことさえ、個性を発揮する場と煽られているようでもある。わたしは気持ちがよくない。なにが「柩はあなたの身体が最後に入る場所です」だ。それなら、生まれる前の赤ん坊にも「あなたが最初に入る場所です」と、産湯につかる容れ物を好きに選ばせてやれよ、と思う。ブリキのタライ（古いな）はいやだよ、とかいうかもしれない。ちなみに桐平柩（きりひらかん）は五万円から、最高級は桐全面彫刻で五〇万円からあるらしい。柩見学をする人は、これがいいかな、とか、あっちはどう？　などと選ぶのだろうか。

　また他の提案として、葬儀用に「あなた自身が『お別れの言葉』や『お礼の言葉』を生前に用意し、それをだれかに読んでもらうか、あるいはテープなどに吹き込んで会場に流す、ということも可能です」とある。会場で手紙が読まれたり、本人の声がテープで流れると、会葬者にとっては「故人を想い出し、心にとめる大切な演出だと思います」というが、この「演出」という言葉が、現在の「終活」のキーワードである。

　元アイドルの女性が五十半ばで亡くなったとき、このような葬儀が執り行われたと記憶している。それは人それぞれだから、外からとやかくいうことではない。その人自身の考えと家族（人間）関係があるからである。ただわたしは、葬儀で故人のテープを聞かされたり、ビデオを見せられて、うれしくないと思う。よく生前に準備したねえ、と感心はしないような気がする。むしろ、いたたまれない気分になるのではないか。親しかった人、一人ひとりに宛てて手紙を書くくらいでいいのではないか。

ある葬儀では「感動葬儀」と称して、喪主がゴンドラに乗ったり、柩をスモークで包んだりするようなショーみたいなものがあるそうである。こんなものはもちろん論外だが、現代のわたしたちは、自分の死をも個性的なイベントとして考えたがるようなところがあるかもしれない。わたしの葬儀無用、写真一枚でいい、というのも、おれは葬儀だの戒名だのの常識にこだわるような人間ではない、もっとあっさりした男だ、と見せたい気分がないとはいえない。わたしは自分の死は、たかが自分の死、と思っているが、これとて見方によっては逆にいやらしいかもしれない。ただ、わたしの好みは内にこもる。どんな「演出」も好まないというだけである。

棺桶体験をするバカ

すこし古い話になるが(二〇一二年のこと)、「好奇心でのぞいた葬祭の見学会、驚きの連続 定年男子の終活見聞録」というネット記事がある(「日本経済新聞」電子版、二〇一二・一〇・六)。取材したのはわたしと同年の日経記者である。

書き出しはこうである。「人生の終盤に備える『終活』という言葉をよく耳にする」。いきなりの「終活」という言葉。イントロとしてはやはり使い勝手がいいのだろう。記者の自宅の近くに九階建ての葬祭会館がオープンした。記者は「まだ65歳。そんなの早い、早い」と思って笑い飛ばしていたが、「ひやかし半分のつもりで見学会に出かけてみた」。ところが「見学者は2日間で1000人近くに上った」という。ひょっとして二〇一二年前後は「終活」ブームの頂点だったのか。

毒気にあてられたような記者の動揺が伝わってくる。いわんこっちゃない。行かなきゃよかったのだ。「私も軽い気持ちで相談の席に着いてみた。以前は『自分の葬式などしなくていい』『家族だけで簡単に済ませれば十分』などとお気楽なことを言っていたのだが、よく考えると『親せきや親しい知人を呼ばないままでは、相手に悪いかもしれない』『残った家族の肩身が狭くならないか』などという心配が頭をかすめる」

かれも自分の死を自分だけの考えだけで決めていいのか、と悩むのである。わたしもおなじだが、どうやら団塊の世代は葬式不要といいたがるようである。旧弊にはとらわれないぞ、ということなのだろうが、口ほどにもなくすぐ腰が砕ける。

まあそんなことはどうでもいい。わたしがこの記事で注目したのは次の部分である。「見学会では、通夜振る舞いの料理試食会、葬式の基礎講座のほか、死に装束の仏衣ファッションショー、湯灌（ゆかん）の実演、各種ひつぎ、骨つぼの展示などもあった。『へえー』と目を丸くすることの連続だ」。ばかじゃないのか、と思ったのは「死に装束の仏衣ファッションショー、湯灌の実演」である。記者は下品なことが書けないから「へえー」でとどめたが、わたしははっきりとばかじゃないのかといっておく。

「仏衣ファッションショー」や「湯灌の実演」になんの意味がある？　「見学会」会議の席上、ある社員が、こんなのはどうでしょうか？　と提案し、おお、それもいいかもな、インパクトがあるしな、とＯＫが出たのだろう。さぞかし、湯灌の実演者をだれにするかで揉めただろうが、そんなことより問題は「仏衣ファッションショー」だ。それまで死装束のことなど考えたこともなかった見学者たちは、仏衣ショーを見せられた途端に、自分らしさにスイッチが入って、あれもいいわねえ、といった思いに駆られたのではないか。

翌年の二〇一三年にはこんな記事が出た。ウィルライフという柩制作会社が開催した「入棺体験イベント」の記事である。これもあきらかに「終活」ブームに乗っている。入棺体験イベントは二〇一三年三月から月一回のペースで開催されたという。「会社帰りに立ち寄れる19時からスタートし、時間は1時間～1時間半程度。缶ビールなどのドリンクとスナック付きで、会費は1人1000円となっている」。いったいこんなバカなイベントにどんな人が参加したのか。参加人数は毎回六人限定だったが、開催告知をするとすぐに「参加人数に達するほどの人気」だったそうだ（「柩に入ると心が安らぐ!?　〝入棺体験〟人気の秘密」日経トレンディネット、二〇一三・七・九）。

開催するほうもするほうだが、参加するほうもするほうである。ようするに暇なのだろう。それに「自分」というものを大きく考え過ぎている。死んでも、死んだ自分を自分で見てみたい、と思っているのではないか。あとはやはり「終活」という言葉に踊らされているのだろう。なにもしなくていいのに、なにか自分らしいことをしなければならない、と考えすぎているように見える。

と思っていたら、「自然死」を提唱している中村仁一医師が、自分が勤める老人ホームで「死装束ファッションショーと模擬葬儀の集い」を行ったと書いている（前出『大往生したけりゃ医療とかかわるな――「自然死」のすすめ』）。この本が出たのも二〇一二年である。全国から二百人ほど集まり盛況だったようである。「あなたもお棺に入って、人生の軌道修正をしてみませんか」なんてことをいっている。どういうこと？　わたしは中村医師の考えは好きなのだが、バカなことをするもんじゃないと思う。

「なにも足さない。なにも引かない」

昔、開高健が出ていた洋酒のＣＭで「なにも足さない。なにも引かない」という謳い文句があった。ＣＭは、このお酒はベストの状態に仕上げているから、なにも足さず、なにも引かなくていい、ということだったのだろうが、わたしはそれを、ふつう（自然、伝統）が一番、そこに自分らしさなどでごてごと飾り立てるな（「演出」するな）、というふうに読み替えてみる。終末「活動」だからといって、余計な活動なんかするんじゃない、と。すると「葬式不要」なども引くな、ということになるが、そこは許すのである。

「終活」に関するごてごてが、もうひとつある。「『マイ骨つぼ』売り上げ3倍　『手元供養』増も背景に」というネット記事である。これは今年の記事だ（「西日本新聞」二〇一七・六・一九）。こちらも書き出しは「終活」である。「人生の終わりに向けて準備する『終活』が注目される中、生前にお気に入りの骨つぼを購入するシニア層が増えている。華やかな色合い、美しい絵柄…。骨つぼは白色が一般的だが、好みを見定め、独自仕様を注文するこだわり派も。『死後のすみかを吟味する幸せ』。最後まで自分らしさにこだわる」。価格は二万円から四八万六千円。記者は自分の文章に酔っているが、どうでもいい記事だ。

　会社の説明によると、二〇〇八年から骨つぼの取り扱いを始めたが、二〇一六年の売り上げは当初の約三倍に増えた。購入者は七十代前後が中心で（やっぱり団塊だ……引用者注）「最近は息子さんや娘さんと一緒に来店する方も増えました」。オーダーメードの骨つぼを受けつけている会社もある。「世界で一つの骨つぼ」を創作するのだという。出た。世界でたった一つの○○。バカが好む言葉である。その価格は最低でも三○万円。

　イオンも葬祭事業の一環として入棺体験をやっているようだ。また、遺影は自分の満足のいく写真にしてほしいというのだろう、生前撮影をやる人が増えているらしい。それを「エンディングフォト」と呼び、一枚一万五九八○円。女性の場合はヘアメイクも付いて、一万九八○○円、二万四八○○円、二万九八○○円の三段階がある。ほかに海上散骨バスツアーやら、樹木葬見学などもあるようである。こうなるともう、勝手にどうぞ、というしかない。

定年後の達人とはこういう人のこと

　第1章で、わたしは「定年の達人」などいない、と書いた。しかし、もしいるとしたら、有名無名を問わず、自分で考え、余計な不安などなく、自足して（自分なりの意味を信じ）、ふらふらしていない人がすべて「達人」である。能書きばかりをいったり、バランスばかりをとったりしている識者に、そういう人はすくない。仏文学者渡辺一夫の長男で元日航社員だった渡辺格(わたなべただし)氏（ウィキペディアには〝動物評論家〟とある。一九三七年生まれ）は、その「達人」のひとりである。

　渡辺氏は、自分の「後半生」を支えてくれたのは「園芸、釣り、犬」と明言している。その総括はこうである。「私は定年後の人生をまんきつした。最愛の犬も旅立ってしまった。そして、これ以上生きても、今までやったことの繰り返しにすぎないことが判っているから、もう死んでも悔いはない」(『定年おめでとう』講談社、二〇〇五)。

「六十八歳になった私は、一生で一番楽しい時期を過ごしているのであろうか」。渡辺氏は、病気のため五十七歳で早期退職制度を利用して退職した。今の生活がいつまで続くかわからないが「今日それが終わればそれで結構である。もうこの世では十分苦しんだし、同時に楽しんだ。これ以上長く生きたところで、その繰り返ししか残っていないことがよく判っている」「もういつ死んでも悔いはない」

なにも足さない、なにも引かない、自足した生活である。愛犬は喪われたが、それはしかたがない。「園芸、釣り、犬」だけで満ち足りている。他人の毀誉褒貶にはまったく無頓着。自分の好みだけに忠実で、自然である。

「今の生活の何がそんなによいのか。まず、眠くて無意味な会議で欠伸を噛み殺す必要はないし、嫌な奴とつき合わないですむ。葬式も行かない。大人数の会合はすべてお断りだ」。かれは家庭菜園でつくった野菜や果物の食生活に大満足し、釣りを楽しみ、広くはないが快適な住居で、好きな時間に長椅子で横になる。「なんたる贅沢であろうか」。すべての時間を自分の好きなように使っている。「残された人生の時間をどう使おうと、全ては私次第なのだ」

渡辺氏がこの本（前出『定年おめでとう』）を書いのは六八歳のときだと思われるが、わたしはその歳を超えている。かれは大病をした経験があるからか、「残された人生の時間」と書いたのだろうが、わたしにはまだそんな意識は強くない。しかし、かれの考えはよくわかる気がする。「こう考えてみれば、彼岸に渡るまでに残された定年後の人生こそが、私にとって一番輝ける瞬間なのであろう」

渡辺格氏は定年本など読まなかった（と思う）。自分で自分の好きなことをしているだけである。それでなんの不満もない。月に一度、東京の山谷でボランティア活動はしている。座禅。般若心経読経。「真向法」（健康体操の一種）。読書。テレビで野球観戦。散歩。そして釣り仲間がいる。かれは六十八歳の時点で、「もういつ死んでも悔いはない」と、いい切っている。なかなかいえることではない。そんな渡辺氏に「定年後の達人」などということも、余計なことであろうか。まだご存命だと思う。八十歳か。

第9章

人生を全うするだけ

定年おめでとう

定年退職して、うわ、これからまだ二十年も生きるのか、長いな、どうするかねその二十年、と考えるのは錯覚である、と本文でも述べた。二十年はいちどきには来ない、来るのは一日一日だけだ、と。それに二十年がほんとにやって来るかどうかもわからない。十年かもしれず（わたしは過ぎたが）、三十年か四十年になるかもわからない。

わたしたちが子どもだったころ、これからまだ六十年以上も生きるのか、長いな、などと考えた子はひとりもいなかったはずである。なにもわからなかったからだが、時として、なにもわからないことはいいことである。これから六十年以上も生きるのかとは、一瞬たりとも思ったことはなかったが、あれは小学校五、六年の頃だったたか、このあとまだ中学も高校もあるのかと思うと、腹の底からうんざりしたものである。毎朝起きて学校に行き、勉強をするというのが、窮屈で憂鬱だったのである。

中学生頃には、早く大学生になりたかった。なんだか知らなかったが、自由で楽に思えたのである。高校のときも、早く終わらないかなと思った。しかし大学に入り、三年頃にもなると、早く働きたくなった。大学はすでにレジャーランド化していたが、それほどおもしろくもなかったのである。が、就職に失敗して、うじゃけた自由のなかに舞い戻った。その親がかりのうじゃけた自由が疎ましかった。

しかし実際に会社で働きはじめると、すぐにうんざりした。暑かろうが寒かろうが、雨だろうが雪だろうが、毎朝起きて会社に行く、というのは、学校とおなじだったからである。しかも小中高を合わせたよりも、はるかに長い。今度は早く定年にならないかな、と思ったのである。通勤電車の反対側の電車に乗って、ぶらりと遠くまで行ってしまいたかった。人間は、というよりわたしは、じつにいい加減な人間である。わたしに窮屈な寮生活はできない。

そして、なんとか勤続三四年、なにを成し遂げたわけでもないが苦節三四年、晴れて会社を辞めることができた。定年後は思っていたほどの天国でもなかったが、なにを文句をいうことがあろうか。やっとここまで来たのだ。渡辺格氏が「定年おめでとう」といった意味がわかる。まだあと二十年か、など思うわけがない。気がついてみれば、知らぬ間に六十年を生き、すでに七十年を過ぎた。これからは人生一〇〇年だ、といわれても、じたばたする必要はまったくない。日本ではもう百歳以上の人が六万人以上もいる。よくこんな世の中を百年も無事に生きてこられたものである。

夫と妻の地獄

どういうわけか男にとって、定年は昔から大きな出来事と考えられてきたフシがある。昔といっても、いまから三十年ほど前の小昔のことだ。吉武輝子の『夫と妻の定年人生学』（集英社文庫、元本は一九八七年）という本がある。これが出たのが三十年前である。『孤舟』や『終わった人』といった小説なら、多少おちょくっても問題はないが、この本はそうはいかない。吉武自身が経験した実話である。到底「定年おめでとう」といえるような話ではない。

吉武輝子の明治生まれの父親は三菱銀行の名古屋支店長だったとき、五十五歳で定年になった。伊奈製陶の重役に天下りしたが、盆暮れの付け届けや年賀状が激減した。父親は「新しい会社に通うことができなくなってしまった」。そして「己をちっぽけな存在と思いこんでしまった父は、家族と目を合わせることさえできなくなり、カーテンを引いて昼間さえもうす暗く感じられる自室の片隅に、ひざをかかえ、背を丸めて坐りこんだまま、一歩も部屋の外に出ようとしなくなってしまった」という。うつ病である。一年後、頸動脈を包丁で切って自殺した。

いまから四二年前の一九七五年（昭和五十年）に出版され、テレビ化もされた岡田誠三の『定年後』（中公文庫、一九七六。元本は一九七五年）には、「定年という社会的な死」とか「生身の葬式」という言葉が見える。社から渡される定年通知は「死亡予告」、定年者は「新仏」、告別式は「初七日」などと呼んで、定年者たちが自嘲している。たしかにこういう受け取り方が社会にはあったのかもしれないが、ある意味、逆の意味の盛り上がりで、だからその割にはあっけらかんとしている。

吉武輝子の父親の死は、定年が「セカンドライフ」とか「第二の青春」と喧伝される現在では、ちょっと信じられない話である。人は六十ともなれば（ならなくても）、自分で自分の身を修めなければならない、とわたしは書いたが、元三菱銀行名古屋支店長氏は、たかが定年くらいで、自分の意味と生きる意味を決定的に喪ったのだろうか。たかが定年くらいで、とわたしなどは思うが、人の心はわからない。

通夜の席から、だれそれさんが定年後急死した、別の人はぼけたというような話が、当時二十四歳だった吉武の耳に聞こえてくる。客のひとりがいう。

「これからは、仕事一筋ではなく、現役時代に、家族とよきかかわりをもったり、地域社会に居場所をつくったり、あるいは人生の楽しみを発見したりしながら働くようにしなければ、先輩諸氏と同様、退職後の末路が悪すぎるってことになるのは目に見えている。それにしても、実に厄介な時代になったものですよ。定年後の人生がやたらに長くなるなんて」

吉武の意見が加味されているようで、会話としてはちょっと説明的で不自然だが、現在いわれているような――地域社会での居場所、家族とのよき関係、生きがいの発見――がすでにいわれている。というのも、吉武は、定年夫たちの不機嫌や不愛想の理由のひとつをこう考えているからである。男たちは「長年にわたって個人対個人のつき合いの習慣をもつことなくすごしてきてしまった」から、「職場という共通基盤を持たぬ地域の女とどのようにつき合い、なにを話してよいのか、なにひとつ人づき合いの才覚を持ち合わせていない」。

同書には別の定年男の例が書かれている。まあろくでもない男である。大蔵省の高級官僚で、いくつか天下りをして、六十五歳で定年退職した男である。

妻がちょっとでも出かけると「こんなに長い時間、どこをホッツキ歩いていたのだ」と怒鳴る。妻が、たった二、三十分じゃないですか、というとそれが気に食わない。「夫をないがしろにする気か」と湯飲み茶わんを投げつける。句会に行くことがわずかな楽しみの妻に「食わしてもらってきた身でなにが俳句だ。なにが句作だ。俺よりもお前の方が偉いとでも思っているのか。俺の偉さなどお前にわかるか。現役時代はやり手で知られた俺だ。たとえリタイアーしたとしても、俺の偉さが変わるはずがない。お前のごとき女に、馬鹿にされてなるものか。これでも俺が偉くないというのか。これでも俺をバカにできるのか」と暴力をふるう。かれは俳句などなんの興味もない。「肩書をとってしまったらこんな野蛮で下司な男であったのか」と妻は離婚を考える。

吉武輝子の友人の医師が、夫の定年は「妻の地獄の生活のはじまりである」といったという。〈民主的〉という正しくも弱い思想を信じた団塊の世代の定年者に、こんなバカがいるとはあまり考えられないが、それも企業の「管理職」となるとわからない。吉武輝子の父親が意味の喪失に絶望したのだとすると、この元官僚は意味の喪失に怯えて暴発しているケースだといっていいかもしれない。

吉武は「日本の夫族は、大方は、本来の人格を職業的人格にのっとられてしまっている」といっている。会社では出世していくにつれて名前で呼ばれなくなり、「課長」「次長」「部長」「支店長」と呼ばれるようになる。ところが、定年を迎えて周囲からの服従がなくなったとき、かれらは「男だから偉い」という「一点にしがみつき、せめて、もっとも身近な女である妻だけは支配したいと願わざるをえないのだろう」。

日本の夫族にとっては、次の言葉は頭が痛いにちがいない。男たちは食事をしても、うまいもまずいもいわない。「食べたものは食べっぱなし、読んだ新聞はひらいたまま置きっぱなし、下着も脱いだ形のままに放りっぱなし。まるでお天道様と女房はつきものとでも思っているのか、頼むでもなければありがとうでもない」。多くの定年本において「夫と妻」という視点は盲点である（わたしもおなじ）。夫たちの多くはこんなバカ殿みたいなことはしないだろうが、食事・洗濯・掃除などは妻に負いっぱなしであろう。

吉武輝子は自分の夫でも苦労した。夫は「ニュース制作を専門とする子会社」の社員だった。上部は親会社であるテレビ局から天下った人間たちで占められていた。夫は重役になったが、社内抗争に巻き込まれ、飼い殺しになった。五十八歳で辞めた。一日中部屋にこもりっきりになった。五週間、酒ばかり飲んでた。食事のときだけでも茶の間で食べないかというと、「俺のやることに指図するのか」と怒鳴った。それを見ていた娘がいった。「いやあ、おどろいたな、わが家庭が日本社会の縮図であったとは」

その後、夫は車で半年間の一人旅にでた。やがて気力を立て直して、ドキュメントの企画制作の仕事をはじめた。夫婦関係も緩解（かんかい）していった。「五年前に（二〇〇〇年……引用者注）夫が急逝した。『定年後の人生が一番人間として充実していた』とこれが夫のわたくしに残してくれた言葉だった」。吉武輝子は夫のこの言葉を、定年を迎えようとしている男たちに「贈りたい」といっている。

千人いれば千の自分の「意味」がある

この元幹部銀行員と元高級官僚のケースは、やはり特異である。とても一般的とはいえない。だから書くに価したのである。それでもこの本には、吉武輝子が考察した真実がたくさんあって、わたしは大いに啓蒙されたといっていい。しかしそれはそれで、正直にいえば、わたしはもう変わりそうにない。というのも、やはり、わたしにはわたしだけの状況（個人的環境）があるからである。

おなじ人間だから、他の多くの人と極端にちがうわけではないが、おなじ家で生まれ、おなじ物を食べて育った兄弟にもかかならず好みの違いが生じるように、人はそれぞれに違う。わたしの定年後の生活は、わたしだけに固有な定年後の生活である。そしてそんな固有の定年後の生活は、世界中に人の数だけ無数にあるのである。その一人ひとりには、もちろん共感する心や同情心や義憤がある。しかし、基本的にはピンで自我にとめられている。自我は幾重ものウロコで覆われ、強固である。

もし自分が真に変わるとするなら、自分でも思いがけない〈なにかの一撃〉が必要だと思われる。その一撃によって、自分自身が腹の底から自分で気づくしかない。気づくというより、震撼だ。そのときおそらく自我から一枚のウロコが剥がれ落ちる。一撃による代償ではない。むしろ報償である。

形だけもっともらしい正しさや、口先だけの無責任な一般論は、一人ひとりの生活に届かない。そんな柔(やわ)な一撃は到底一撃たりえず、自我から一枚のウロコも剥がれ落ちない。というのも自我はくだらないウロコを沢山くっつけてはいるが、これが自分であるという必須のウロコもついているからである。それが自分なりの楽しさや、居心地のよさや、自分の好きなこと、つまり自分の「意味」である。他人には無意味でも、だれもが自分だけの大事な「意味」をもって生きているのだ。

定年になったら「〜したい」と思う。それが意味になる。若いときは大きな意味を目指したがるが、歳をとってからは小さな意味で十分である（もちろん大きな意味を目指してもいい）。意味に大小はあっても、上下はない。定年になって、ほどほど満足な暮らしをし、おれはこれでいいな、と思ったら、それはすでに意味である。千人いれば千の意味があり、ひとつとしておなじものはない。個性というものがあるなら、それが個性である。この意味さえあれば、なにをしようがしまいが、大丈夫である。その意味を大切にして、定年後など、好きにすればいいのである。

好きにするしかない

たとえば、こういう人がいる。

埼玉県伊奈町の平山敏章さん(65)は、今年(二〇一七年)五月、徒歩で日本縦断の旅に出た。平山さんは二十七歳のとき、旭川出身の男性から自転車の魅力を教えられた。その影響で、二十九歳のとき自転車で日本一周をした。その後、豪州やニュージーランドも自転車で走破し、三十代後半には南北アメリカ縦断自転車旅行に挑んだ。ペルーのリマで二十七歳の女性と出会い結婚。三人の子どもがいる。

平山さんはトラックの運転手だったが、五年前、会社を定年退職した。その年の九月から、やり残していた南北アメリカ縦断の後半戦を四ヵ月かけて完結させた。そして今年の日本縦断徒歩旅行である。ルートは鹿児島南端の佐多岬から北上して最北端の宗谷岬を目指す。総延長は約二五〇〇キロ。一日約三〇キロを歩き、ゴールには八月に到着予定だ。

まず佐多岬に行くため、新宿から高速バスで鹿児島に向かった。これだけでも、わたしみたいな怠惰な人間から見ると一苦労である。宗谷岬に着いたら、そこからさらに最終目的地の旭川市に徒歩で向かう。数年前に亡くなった自転車の師匠である男性に「旭川まで歩いて会いに行きます」と話した約束を果たすためである。

五月に出発した一ヵ月後、平山さんは毎日新聞の電話取材に、鳥取県内を通過中だと答えた。「間もなく鳥取砂丘。体調もよく天候にも恵まれたので、1日30キロから40キロ歩いている。予定より早いペースです」(『毎日新聞』二〇一七・六・七)。記事には新宿から出発する高速バスの前に立つ平山さんの写真が掲載されている。登山帽みたいな帽子をかぶり、足元にリュックひとつ。

わたしは自分ではしないくせに、こういう人やこういう話が好きである。たいていの人のすること（意味）にはほとんど魅かれないが、こういう話には一も二もなく魅きつけられてしまう。性格なのだろう。平山さんはもうとっくに縦断を終え、旭川にも着いたのではないだろうか。驚くべき体力と精神力である。

もっとすごい女性がいる、と比較することもまったくないのだが、六十三歳の元小学校教員の岩田アサコさんである（「二万六千キロの旅を続けて」岩波書店編集部『定年後』、一九九九年版所収。現在は二〇〇三年の第三版まである。六十三歳は当時。現在は八十一歳か？）。

岩田さんは五十三歳のとき、夫を病気で亡くした。ふたりの息子を育てた。仕事は正教員から週三日の非常勤に変えた。ふと「日本の総海岸線をクリアしたい」と日本一周の旅を思いついた。「二百六十ヵ月、約二十二年の歳月を要する旅になる。旅が終わるとき、私は八十二歳」。そのときまで「私の『定年』はおあずけだ」。

いろいろ不安はあったが、六十歳のとき「とにかく、出発しよう」と旅に出た。「蕉翁のように行き倒れるか、横浜の海岸に浦島花子として立てる日があるか、それは天命にゆだねて——」。それから三年後、彼女はまだ歩いている（どうやら、非常勤の仕事をしているようだから、歩いては戻りを繰り返す、こまぎれの旅のようである。その時点で、公募手記を書いたと思われる)。「とにかく生きている限り、この『日本一周』の旅を続けたい、その健康がほしいと願っている」

いやはや、なんともすごい人がいたものである。定年後は仕事をしなさい、地域デビューをしなさい、ボランティアをしなさい、などは、有意義な定年後のソフトな押し付けだが、彼女の旅行はそれらの意味が顔色を失くしてしまいそうなほどの異次元の意味である。その後の彼女がどうなったかわからない。無事なら、来年あたり、日本一周総海岸線踏破が完結しそうなのだが。

おまえはまるで自分の手柄のように、そんな一般的でない事例を出して威張っているようだが、だからなんだというのか、という人がおられるかもしれないので、まったく正反対の事例もひとつ紹介しておきたい。

南伸坊氏の友人に林丈二という人がいる。調べてみると一九四七年生まれで南伸坊氏と同年(わたしとも)、路上観察学会の会員のようである。かれは靴の裏に挟まった小石を調べたり、ケムシの毛の本数を数えたり、屁がでた時間やその音色など、なんでもかんでも調べたりすることが異常に好きな記録魔である。伸坊氏は、かれは「調べることに興味があって、調べたことが何かの役に立つとか、評価されるとかっていうことには、ぜんぜん興味がない」といっている。

これが最低限の意味である。無意味といえばまったくの無意味。ふつうにいえば、家のなかでテレビばかり観てゴロゴロ、にも劣る（勝るか）。しかし意味ということでいえば、日本一周総海岸線踏破もこの屁の記録人も、当人にとってはまったく同等である。どちらも好きなことをしているのである。なんの役にも立たず、人からバカにされても、自分が楽しければ、それが自分の意味である。当然、このふたつの意味の社会的評価には差があるだろうが、当人にとっては等価である。結局、人は好きなことをすればよい、というより、好きなことをするしかないのである。

自分にとっての意味さえあれば

テニスになんの興味もない人には申し訳ないが、テニスの話である。二〇一七年のウィンブルドン選手権で、二つの注目すべき出来事があった。ひとつはバーナード・トミックというオーストラリア人の選手が、もうテニスはやる気がなくなってしまったと表明したことである（「『飽きてしまった』トミック、テニスへのモチベーション喪失を告白」七月五日AFPBB News）。

まだ二十四歳と若く、身長一九五センチと体にも恵まれ、かつてはニック・キリオスと共にオーストラリア男子テニス界の希望の星と期待されたが、無礼な態度でスキャンダルめいた騒ぎを起こしては顰蹙を買っていた。昨年は世界一七位まで上がったが、その後振るわず、今年も九勝一五敗で五九位まで後退。ウィンブルドンでも一回戦でストレートで敗退した。その直後に、「トロフィーを抱えたり、良いプレーをしたりすることに満足感を覚えなくなった。もうなくなってしまったんだ」と話したのである。

わたしはこの記事をネットで読んだとき、テニスから意味が剝がれ落ちかけているんだな、と思った。トミックはこういっている。「肉体的にも精神的にもあるべき場所になかったし、メンタルも良いパフォーマンスをする状態になかった。少し飽きてしまったようにも感じた」「全米オープンテニスで4回戦に進もうが、初戦敗退になろうがどうでもいい。私にとってはすべて同じことだ」「一生懸命取り組んだり、楽しんだり、トロフィーを掲げたりすることに全力を注げる感じがしない」

これらの言葉はあきらかに意味を失いかけている言葉である。原因はたぶん、やってもやっても思うように勝てないからである。ランキングも下がりつづけてばかり。これ以上どうすれば強くなるかがわからない。さらに苦しい練習を積んでも、勝てる保証はない。それより「意味」を手放したほうが楽だ。イソップの「酸っぱいぶどう」の寓話と似たようなことではないか。美味しそうなぶどうに何度跳びついてもとれない。悔しまぎれか負け惜しみか、どうせあんなぶどうは酸っぱいにきまってると公言する。つまり、あんなボールを叩き合って、勝った負けたということになんの「意味」があるか?

こういうことはある。元々、世界は無意味なものである。そこに人間は無数の「意味」をつくりだし、それをみんなで承認しあうことで、世界は成り立っている。たとえば養老孟司が「『いい若い者が血相を変えて100メートルを走ってる、あれ、何だ』って(笑)。そう思いません? 『どうするんだよ、100メートル走って』とか」(『超老人の壁』)といっている。それはそうなのだ。

だいたい、一〇〇メートルを一〇秒以下で走ることになんの意味があるか。何十秒でもいいではないか。しかし人が関心をもつのは、そこに「人類最速」「世界一」「人間の可能性」といった人類大の意味がつくられているからである。この意味はもう不滅である。そして競技を見ていれば、たしかにおもしろいのだ。

世界ランキング五〇位以内のプロテニス選手といえば、世界的にいっても「大きな意味」である。しかしなにか底が抜けるような心理的転換が生じれば、そんな大きな意味でさえ人は失うのである。その反対に、人間は意味さえあれば、イワシの頭でも信仰する。ゴム銃の作成に熱中したり、メダカを飼ったり、屁の回数を記録したりすることが楽しくなれば、それが意味になるである。

トミックが失いかけているのは「テニス」の意味だけである（わたしは別にトミックが好きなわけではない）。ある一事にたいする意味の喪失は、他事の意味の喪失にも波及していきかねないが、「人生は無意味だ」という底なしの虚無にならないかぎり、大丈夫だ。「テニス」の意味を再獲得することだってないわけではない（かれはその後一四六位まで落ちた。全米オープンに出場したが、一回戦で敗退した）。

こんな安月給で、こんなクソ仕事なんかやってられるか、と毒づきながら、仕事をまじめにやるということは可能である。そこにも意味があるからだ。意味もへちまもない、生きていくためには、無意味に耐えなければならない、といったことだってある。意味があるのかないのか知らないが、とりあえず生きていることはそれだけで楽しいからね、ということだってあるのである。そこにも「楽しさ」という意味はある。

負けたときにこそ人間の品格

もうひとつウィンブルドンで話題になったことは、ラファエル・ナダルのとった行為である。四回戦で、世界ランキング二位のラファエル・ナダルは同二六位のジレ・ミュラー（ルクセンブルク）と対戦した。一九七センチの巨漢である（最近は、おまえはバスケットに行けよ、といいたくなるような二メートル級のテニス選手が多い）。ほぼ五時間に及ぶフルセットを闘い、最終の五セット目は15－13のスコアである。これだけで三セット分ほどある。しかしナダルはそれだけ死力を尽くして負けた。

このあと、ナダルがとった行動が話題になったのだ。ミュラーがコートを去る準備（片付け）ができるまで、ナダルはバッグを肩にかけたまま数十秒、じっとコート上で直立して待っていたのである。満員の観客は総立ちとなり拍手喝采をおくった。ナダルはそれに対して「もういいよ、ありがとう」というように、「うん、うん」と数度小さくうなづく。それは純粋に美しい姿だった。

ナダルは「礼節」ということを信じている人間だと思った。そして欧米人（とは限らないが）の観客にもその「礼節」はわかるのかと思った。他人の「礼節」（たとえばフェアプレイ）は賞賛するが、あなたがた自身にその「礼節」はあるのか。あなたたちにも建前と本音があるのではないか。というのも自国の選手を贔屓するために、奇声を発し、騒ぎたてる醜い応援をこれまで何度も見てきたからだ。

大会の公式ツイッターはナダルの姿を動画付きで紹介した（わたしが観たのはそれだ）。「敗北の中にも品格。巨大な激闘の後にも、ラファエル・ナダルは対戦相手のジレ・ミュラーとともにコートを去るために待った」。ファンからも称賛の声が相次いだ。「ラファエル・ナダルは最も品格のある選手だ」「この男を尊敬しなければいけない」「これはすごい。彼はなんて謙虚なんだ」「この信じられないファイターに敬意と敬愛の情しか沸いてこない」（「ナダル、敗戦後の〝20秒の直立〟に称賛の嵐『本物の紳士』『断トツの品格』」七月一一日「THE ANSWER」）

ナダルはさっさと先に退場してもよかったのである。現にいまではそういう選手がふつうである。ましてや五時間もの消耗戦を闘い、負けたあとである。品格ある負けかたをするのは、だれにでもできることではない。だれも信じていなくても、ある意味を信じている人だけができることである。やはり、人間の美しさとはいいものだ。定年後もへちまもなく、わたしも、たとえなにかに負けたとしても、できるかぎりそのような美しさをもちたいものだ、と思ったのである。

ところがですねえ、じつはもっと美しい姿があったのである。今年のウィンブルドンが終わったあと、NHK－BSで一九九五年のウィンブルドンの「伝説の名勝負」が再放送された（八月二日）。試合は準々決勝。対戦カードはあのピート・サンプラス（当時世界二位）とわれらが松岡修造選手（当時世界一〇四位？）である。試合を観ながらわたしは、この当時は短パンが短かったなあ、とか、松岡はあんなに怖い顔をしなくても、とか、松岡は意外とビッグサーバーだったんだな、とか、やはりサンプラスの口はちょっと爬虫類みたいだな、などと、どうでもいいことばかりを考えていた。

試合は結局3－1でサンプラスが勝ったのだが、驚いたのはそのあとだ。善戦虚しく敗れた松岡氏はサンプラスと握手をしたあと、四方の観客に向かって律儀に一つひとつお辞儀をしたのである。そのとき、サンプラスのいい姿も見た。コートを去るとき、サンプラスが松岡氏の荷物の片付けが終わるのを立ち止まって待ち、二人揃って退場口へ向かったのである。なんだ、そうだったのか、と思った。二人揃って退場するのは当時はあたりまえのことだったのだ。それがいつの間にか、マナーがぐずぐずになり、ずんだれてしまい、ナダルのような姿を見せられると、観客はこんな礼節ははじめて見た、というように感動したのである。

しかしまだ話は終わっていない。大歓声と拍手に送られながら、二人が揃って出口へと向かう。サンプラスは片手を挙げて拍手に応える。松岡選手はニコリともせず、前を向いたままサンプラスの横を歩く。そのときまた、二度目の美しい時が出現したのだ。松岡修造選手が出口直前で振り返って直立し、超満員の会場に向かって深々と一礼をしたのである。より盛大な歓声と拍手が沸き起こった。

いや、あんなに美しい人の姿はめったにあるものではない。

たかが定年

もう定年がどうした、などどうでもいいではないか。そうもいかないか。定年は、考えていけばどこまでも深刻になっていく事態なのかもしれないが、六十年以上も生きてきた人間が、たかが定年ごときで、まるで黒澤明の『七人の侍』のなかの農民のように、「お侍さまあ！　お侍さまあ！」と、なにをあたふたすることがある？　と思ってしまうのである。みんなこれまで幾多の困難に耐え、乗り越えてきたではないか。

養老孟司と南伸坊の『老人の壁』（毎日新聞）がおもしろかったので、続篇『超老人の壁』（同）も読んでみた（すでに何度も小出しにしてきたが）。特別、定年や老後に役に立つわけではないが、ふたりの話がおもしろい。

南伸坊氏が養老孟司氏に「先生は『断捨離』とかどうですか？」と訊く。養老さんは「ぜんぜんしない」と即答。このあとがおもしろい。「何が『断』で、何が『捨』で、何が『離』だよ」と吐き捨てている。どんなに世間で評判になっていようと、養老さんの、おれはしない、という切り捨て方がいいのだ。

養老　老後が心配って、みんな言うけどさ、ひょっとしたら、これって死ぬのと同じで、どうせ老人になるんだから、そんなこと心配する必要ないって（笑）。

南　そうですねえ（笑）。

養老　なったら、なったときのことだろうって。

南　もうなってるし（笑）。

あんたたち二人はいいよ、なんの不安も心配もないご身分なんだから、といっても始まらない。わたしたちも気楽に、こんな話ばかりしておればいいのではないか。定年だ老年だというのがばかばかしくなる。

大宮知信氏が、日本の男は定年ごときでなにオタオタしているんだ、といっている。わたしが知る限り、このようなことをいったのは大宮氏ただひとりである。かれは一九四八年生まれの団塊の世代で、中学卒業後、集団就職で上京し、二十数度の転職をした経験をもつノンフィクション・ライターである。

現在は、退職を機に「六十歳から生き直しの人生ができる」。しかも第一の人生のときは「親とか貧富の差とか教育など、生育環境にいろいろな制約があった」が、第二の人生では「自分自身の意思によって、まっさらな人生を始められるのだ」。なのに「これだけ恵まれた環境を手に入れているのに、日本人の多くは、『不安だ、不安だ』『どうしよう、どうしよう』とつまらぬ心配ばかりしている。よい条件を与えられた取引が目の前にあるのに、マイナスのことばかり頭に浮かべている」(前出『お父さん！　これが定年後の落とし穴』)。

同感である。定年後は「まっさらな人生を始められるのだ」というが、まあ「まっさら」ではない。それまでとおなじ継続した生であり人生である。「自分自身の意思によって」というのはそのとおりである。せめて人並みにとか、充実した生活をとか、一度かぎりの人生だから楽しまなければ損だとか、そんな出来合いの観念に引きずられすぎてはおもしろくない。わたしたちは「自分自身の意思」によって好きにすればいいし、好きにするしかないのである。あとはいつになるのか知らないが、そのまま最後まで人生を全うできればいい。できたら、美しい姿のままで。「人生」に振り向いて、深々と一礼をして。

あとがき

わたしはもしかしたら、「なにもしない」ということを強調しすぎているのではないか、と惧れる。しかし「なにもしない」とはいっても、あの悪名高きテレビは観、図書館や公園にも行っている。そんなことは「なにかしている」うちに入らないといわれるのだろうが、いやいや、テレビはおもしろい。それに一年中、楽しめる。そんな娯楽はあと、わたしにとっては本以外にはない。

世界水泳があり、ロンドンの世界陸上、テニスは全仏、全英、ゴルフも全英、全米がある（わたしはゴルフはしない）。体操があり、サッカー、野球、柔道、ラグビー、オリンピックもある。「列島誕生」や「新・映像の世紀」や「アフガニスタン　山の学校の記録――マスードと写真家長倉洋海の夢」などのドキュメンタリーがあり、ＷＯＷＯＷの「アキラとあきら」のドラマがある。もちろん、将棋やバラエティ番組もある。テレビ好きはけっこう忙しいのだ。だが世間では、テレビを観ることは「なにかをしている」ことにはまったく入らない。家でゴロゴロのただの暇つぶしでしかない。しかし自分が好きなら、世間などかまうことはないのである。

石坂浩二氏（76）がプラモデル好きだと知った。ただの個人趣味ではなく、プラモデルクラブ「ろうがんず」の会長でもある。かれは高校時代からプラモデル作りを始めたという。クラブの発表会があるときは、制作に専念する。朝から三時間やって、ご飯と犬の散歩。午後にすこしやって、夜は八時から深夜一時くらいまでやる。プラモデルだけでなく、料理、絵画、数学、弓道と多趣味である。

こういっている。「趣味を通じて自分のことを探っていくというのが夢中」ということ。「夢中な事を突き詰めていくと、やがて人生と一体化する」。打ち込めるものがないという人には、「いくつになっても、夢中になることは始められる。何かの包装紙を集めるとか、それも立派な趣味」だと寛容である。記事はこう評している。「『夢中になるには一生かかる、ということですよ』との笑顔はとても若々しかった」（「プラモデルは人生讃歌」。「スポーツニッポン」二〇一七・八・一。記事・桑原淳）

ここまで本格的だと人も一目置くだろうが、ふつうプラモデル作りが趣味というと、まあテレビ観てゴロゴロよりはましだが、子どもの遊びじゃないか、と思われかねない。石坂氏がいくら「何かの包装紙を集める」ことも「立派な趣味」といっても、世間はそうは思わないのである。わたしは高校生のとき以来、プラモデルは作っていないが、石坂氏の楽しさはわかるつもりである。

若々しいといえば、加山雄三氏がいる。八十歳。かれも石坂氏に負けず劣らず多趣味で、ヨットは趣味の域を超えて、だれよりも生き生きとしているのである。TVゲームもそのひとつである。淡路恵子さんもゲームが好きだったという。わたしはプラモデルはもういいが、TVゲームにはまだ興味がある。糸井重里監修の「MOTHER」をもう一回やってみたい。「ドラゴンクエスト11」もやってみたいが、そのためには機器を買わなければならない。やるとしても、もうちょい先のことですな。

しかし世間的には、そういう大したことをしていない人、だけどこれが好きなんだなあ、という人は、圧倒的に多いのではないだろうか。そして圧倒的に評価されない。仕事をしている人、地域活動をしている人、資格取得や小説修行や大学再入学や海外留学やフランス語会話などに挑戦している人は、定年後の前衛であるといっていい。おなじ趣味でも、源氏物語研究や楽器のサックス講座などは高評価で、趣味の前衛である（おれはまだ現役だよがハハのバカおやじは、生き生きしていても除外）。

だがその片方で、人に誇るべきことはなにもしていないが、それなりに満足して「なにもしていない生活」を送っている多数の人がいて、なにかといえばダメの見本として不当に貶められている。わたしは、なんの資格もなく、そんな立場でもないが、そういった、いわば定年後の後衛の人を擁護したいという気持ちがあり、そのことが「なにもしない生活」を強調することになっているのかもしれない。前衛も後衛も「好きなこと」をしているということでは、まったく同等の価値である（社会的評価がちがうのはしかたがない）。

なんかおまえのいうことは、自己弁護のためのただの詭弁にしかきこえないな、やっぱりおれはボランティアをするよ、わたしは社交ダンスをするわ、という人は当然すればいいのである。そしてそれが正しいのである（Yさん、定年後はやはり絵の学校に行ったほうがいいですよ）。いうまでもなく、するもしないもその人の自由である。ただ定年後の後衛でも大丈夫、と知れば、いろいろな強迫観念から解放されて、楽になるのではないかと思う。自由が一番である。

勢古浩爾

二〇一七年（平成二十九）八月

09	**大江英樹＋井戸美枝** **『定年男子定年女子　45歳から始める「金持ち老後」入門！』** **（日経BP社、2017）** インチキくさいタイトルに比べて、中味はまとも。	★★
10	**奥村彰太郎氏『定年後のお金の不安を解決する本』** **（知的生き方文庫、2014）** なにも解決しない本。	★
11	**岡崎充輝『図解　定年までに知らないとヤバイお金の話』** **（彩図社、2017）** 堅実な内容の本だが、深刻に受けとりすぎないこと。	★½
12	**三浦展** **『下流老人と幸福老人　資産がなくても幸福な人** **資産があっても不幸な人』（光文社新書、2016）** 統計としては有用。個人にとっては無用。	★★

第3章

13	**加藤仁『定年後の8万時間に挑む』（文春新書、2008）** まじめな本。わたしは共感しないが、定年後は「８万時間」という考え方をした先駆者。	★★
14	**残間理江子『それでいいのか蕎麦打ち男』（新潮社、2005）** 読まなくてもなんら問題はない。	★
15	**三津田富佐子** **『50歳から90歳の今も……「ひとりの時間」を愉しむ本』** **（三笠書房、2002）** こういう気概をもった男は少ない。	★★½
16	**内館牧子『終わった人』（講談社、2016）** ふつう。	★½
17	**楠木新『定年後　50歳からの生き方、終わり方』** **（中公新書、2017）** 可もなく不可もなし。	★½
18	**朝日新聞「55プラス」取材班** **『55歳からの「一生モノ」入門　まだまだ人生は変えられる、39のお楽しみ』（講談社、2013）**	★½
19	**竹中星郎『高齢者の孤独と豊かさ』（NHKブックス、2000）** 定年20年後くらいの高齢者に関する本だが、著者の考え方がいい。	★★

本書で紹介した「定年関連本」評価一覧

わたしみたいな偏頗な人間が、人様の著書に点数をつけるのもおこがましいが、一応の目安としてお考えください。

評価を★で記しています。例えば、1.5の場合、★1個と半分として記しています。

第1章

No.	書籍・コメント	評価
01	**川北義則『55歳から始める最高の人生』(三笠書房、2012)**	★½
02	**日本経済新聞社マネー＆ライフ取材班 『定年後を極める達人12人のノウハウ＆読者71人の痛快体験記』(日本経済新聞社、2003)** もうみんな定年を大げさに考えすぎ。	★½
03	**岩波書店編集部編 『定年後　「もうひとつの人生」への案内　第3版』(岩波書店、2003)** 読者からの投稿集という意味で、類書を一蹴して有意義。ただし、読むのはしんどい。拾い読みで十分。	★★½
04	**帯津良一『定年から輝く生き方　一生モノの成功法則』(東洋経済新報社、2010)** てんぷらの大衆店「てんや」のお客アンケートに、「輝いている店員がいたら教えてください」という項目があり、びっくり。さらに「どこが輝いていたか」とあり、二度びっくり。知らんがな。	★½
05	**田中俊之『男がつらいよ　絶望の時代の希望の男性学』(KADOKAWA、2015)** 定年後に関してではなく、男としてのあり方について考えるには有益。	★★
06	**リンダ・グラットン＆アンドリュー・スコット 『ライフシフト　100年時代の人生戦略』(東洋経済新報社、2016)** 「人生100年」など、じたばたしなくていい。	★½
07	**足立紀尚『幸福な定年後』(晶文社、2002)**	★½

第2章

No.	書籍・コメント	評価
08	**日経ヴェリタス編集部 『定年ですよ』(集英社文庫、2010)** 物語仕立てがまどろっこしい。	★½

31	**大宮知信『お父さん！　これが定年後の落とし穴』（講談社、2009）** 定年ごときでジタバタしていないところが、いい。	★★
32	**野末陳平『定年病！』（講談社＋α新書、2007）** どんな意味でも、おもしろくない。	★

第8章

33	**講談社編『第二の青春　50歳からの人生を10倍楽しむヒント』（講談社、2001）**	★½
34	**NPO法人ライフデザインセンター編著『旅立ちのデザイン帖　新しい〝終活〟のガイドブック』（亜紀書房、2016）**	★½
35	**渡辺格『定年おめでとう』（講談社、2005）** いまのところ、定年本の頂点か。	★★★

第9章

36	**吉武輝子『夫と妻の定年人生学』（集英社文庫、元本は1987年）** 男の盲点を衝かれて、ビンタを食らう。が、その痛みも消えていくんだなあ。	★★★
37	**岡田誠三『定年後』（中公文庫、1976。元本は1975年）**	★½
38	**養老孟司・南伸坊『超老人の壁』（毎日新聞出版、2017）** わたしの個人的趣味。ふたりにウソがない。	★★
39	**養老孟司・南伸坊『老人の壁』（毎日新聞出版、2016）**	★★

第4章

No.	書籍・コメント	評価
20	**中村仁一『大往生したけりゃ医療とかかわるな「自然死」のすすめ』(幻冬舎新書、2011)**	★★½
21	**佐々木常夫『定年するあなたへ』(サンマーク出版、2016)** 佐々木氏の本としては精彩がない。	★½
22	**近藤誠『健康診断を受けてはいけない』(文春新書、2017)** 「文春砲」よ、他のマスコミがヘタレだから、おなじ文春として、健康診断の是非を問うキャンペーンを張ってくれ。	★★★
23	**石飛幸三『「平穏死」を受け入れるレッスン　自分はしてほしくないのに、なぜ親に延命治療をするのですか？』(誠文堂新光社、2016)**	★★½
24	**萬田緑平『穏やかな死に医療はいらない』(朝日新書、2013)** こういう医師がいることを知ったのは収穫だった。	★★★

第5章

No.	書籍・コメント	評価
25	**本田健『60代にしておきたい17のこと』(大和書房、2013)** 不可。	★
26	**保坂隆『精神科医が教える定年から元気になる「老後の暮らし方」』(PHP文庫、2014)** 上におなじ。	★

第6章

No.	書籍・コメント	評価
27	**千保喜久夫『はやめに備える定年』(日経文庫Personal、2001)**	★
28	**日本経済新聞生活経済部編『定年後大全　2005-06　セカンドライフの達人になるための51のツボ』(日本経済新聞社、2005)** たかが定年に「大全」はなかろう。	★½

第7章

No.	書籍・コメント	評価
29	**川北義則『みっともない老い方　60歳からの「生き直し」のすすめ』(PHP新書、2011)**	★½
30	**渡辺淳一『孤舟』(集英社文庫、2013)** ある意味、おもしろい。	★

著者略歴

勢古浩爾（せこ・こうじ）

1947年大分県生まれ。明治大学政治経済学部卒業。洋書輸入会社に34年間勤務ののち、2006年末に退職。市井の人間が生きていくなかで本当に意味のある言葉、心の芯に響く言葉を思考し、静かに表現しつづけている。1988年、第7回毎日21世紀賞受賞。著書に『結論で読む人生論』『定年後のリアル』（いずれも草思社）、『自分をつくるための読書術』『こういう男になりたい』『思想なんかいらない生活』『会社員の父から息子へ』『最後の吉本隆明』（いずれも筑摩書房）、『わたしを認めよ!』『まれに見るバカ』『日本人の遺書』（いずれも洋泉社）など。

SB新書　413

定年バカ

2017年 11月15日　初版第1刷発行

著　者　勢古浩爾

発行者　小川 淳

発行所　SBクリエイティブ株式会社
〒106-0032　東京都港区六本木2-4-5
電話：03-5549-1201（営業部）

装　幀　長坂勇司（nagasaka design）

組　版　米山雄基

編　集　依田弘作

印刷·製本　大日本印刷株式会社

ISBN 978-4-7973-9339-2